COMMENT ÉPATER SES ENFANTS

ISBN : 979-10-301-0098-3
Dépôt légal : Janvier 2016
Achevé d'imprimer en Décembre 2015
par Loire Offset Titoulet à Saint-Étienne

Tana éditions, un département d'Édi8
12, avenue d'Italie
75013 Paris
Tél : 01 44 16 09 00
Fax : 01 44 16 09 01

Site de l'éditeur : www.tana.fr
Site de l'auteur : www.raphaelevidaling.fr

COMMENT ÉPATER SES ENFANTS

textes, photos et mise en pages
RAPHAËLE VIDALING

Tana
éditions

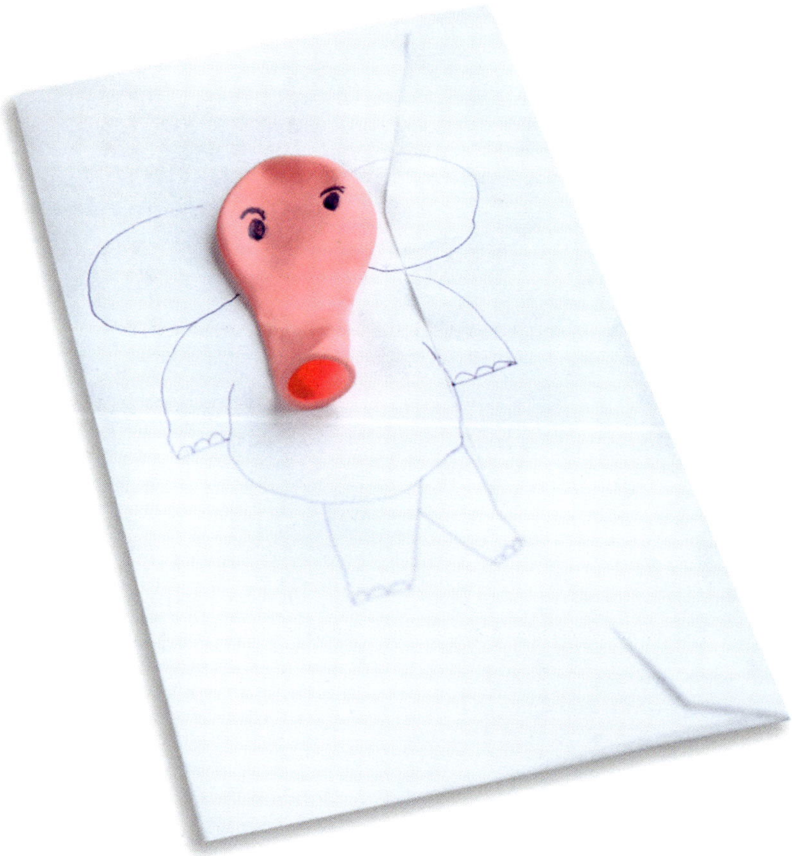

INTRODUCTION

« Dans chaque enfant, il y a un artiste. Le problème est de savoir comment rester un artiste en grandissant. »

La phrase est de Picasso. Mais c'est quoi, un artiste ? Quelqu'un qui porte sur le monde un regard curieux, doué d'une créativité qui transfigure un matériau brut en poésie ? Alors, oui, les enfants ont ce talent, cet émerveillement perpétuel qui les rend avides d'expériences gratuites, capables de s'investir dans un petit projet éphémère avec autant de sérieux et d'enthousiasme que si leur vie en dépendait : fabriquer des bulles de savon ou des avions en papier, ficeler un moteur télécommandé sur une peluche à roulettes ou un jupe de pétales autour d'une petite poupée… Jouer, c'est inventer, tester, frotter son imaginaire à l'expérience concrète. Et, au final, c'est grandir, aussi. Seulement, voilà, en grandissant, on perd parfois cette ouverture d'esprit. On jette les bouchons sans y voir des roulettes, on ne ramasse plus les plumes sur le trottoir. Parfois, même, on oublie de sculpter des volcans dans sa purée. C'est dire ! À moins qu'on ait la chance d'avoir soi-même des enfants, qui nous rappellent de ne pas négliger le plus important, à savoir le jeu, la fantaisie et le « juste pour faire joli ».

Ce livre est une compilation de trois livres parus dans la même collection : *Comment épater sa fille*, *Comment épater son fils*, *Comment épater ses petits-enfants*. C'est un coup de pouce aux parents qui n'ont pas perdu leur âme d'enfant. Et qui, parmi les valeurs qu'ils souhaitent transmettre, entre « lave-toi les dents » et « dis merci à la dame », ajouteraient bien ce précepte essentiel : **« N'oublie jamais de voir l'or dans l'ordinaire ! »**

SOMMAIRE

176. MERVEILLES COMESTIBLES

Activités à faire ensemble

LES POUPÉES
EN BÂTONNETS À GLACE

MATÉRIEL

DES BÂTONNETS À GLACE
(EN MAGASIN DE LOISIRS CRÉATIFS)
DU RUBAN ADHÉSIF À MOTIFS
DES CISEAUX
UN CRAYON NOIR TRÈS FIN

Deux petites filles capables d'y passer tout un après-midi...

COMMENT FAIRE

1 Coller des morceaux de ruban adhésif sur chaque bâtonnet pour représenter les vêtements.

2 Dessiner les têtes et les longues jambes.

On peut même dessiner recto-verso, un côté content, un côté fâché.

LA MAIN EN RELIEF
EN DESSIN SUPERFACILE

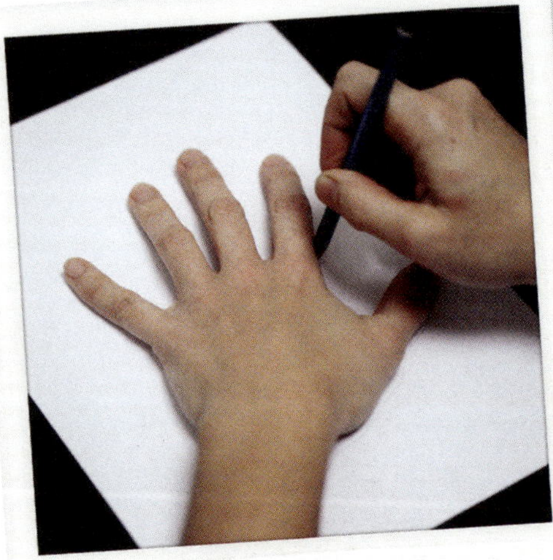

On trace le contour de sa main.

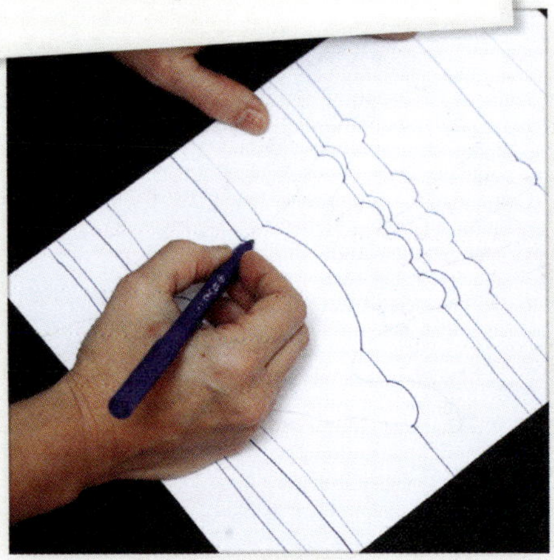

Les lignes deviennent courbes dans la zone de la main.

MATÉRIEL

UNE FEUILLE DE PAPIER
UN CRAYON À PAPIER
UNE GOMME
DES FEUTRES

COMMENT FAIRE

1 Poser sa main sur le papier et dessiner le contour avec le crayon à papier.

2 Tracer au feutre une ligne horizontale quelque part sur la feuille, jusqu'à la limite du premier trait de crayon à papier. Prolonger ce trait mais, cette fois, en marquant un léger arc de cercle dans la zone de la main. Hors de la main, terminer la ligne de façon horizontale bien droite.

3 Dessiner d'autres lignes parallèles à cette première ligne jusqu'à remplir la feuille de rayures multicolores.

4 Gommer le trait au crayon à papier : la main apparaît sans tracé de contour, et semble être en relief.

LA PÂTE À MODELER COMESTIBLE
EN PETITS POIS

MATÉRIEL
UNE BOÎTE DE PETITS POIS
UNE PASSOIRE FINE

COMMENT FAIRE

1 Ouvrir la boîte et bien égoutter les petits pois.

2 Les passer dans la passoire fine. Bien appuyer : ils vont pousser à travers le tamis comme des cheveux.

3 Récolter ces tortillons : la pâte à modeler est prête ! On peut jeter les petites peaux sèches restées dans la passoire.

Tellement fastoche que les enfants peuvent tout faire tout seuls !

Quand on a bien joué, on peut même y goûter...

LA BOÎTE ÉTOILE
EN BOUTEILLE DE COCA

COMMENT FAIRE

1 Découper la bouteille en deux au cutter juste en dessous de l'étiquette.

2 Pratiquer aux ciseaux cinq entailles verticales dans les rainures, une rainure sur deux, jusqu'au creux que forme la bouteille.

3 Découper des formes de pétales dans ces cinq bandes. Replier un pétale vers l'intérieur en marquant bien le pli. Procéder de même pour les pétales suivants : la boîte est terminée !

4 Pour la décorer, il suffit de l'enduire de colle et de la recouvrir de papier.

MATÉRIEL

UNE BOUTEILLE DE COCA-COLA® DE 2 LITRES
UN CUTTER
DES CISEAUX
DE LA COLLE BLANCHE
UN PINCEAU À COLLE
DU PAPIER DE SOIE
OU UNE SERVIETTE EN PAPIER

C'est magique, ça tient tout seul fermé !

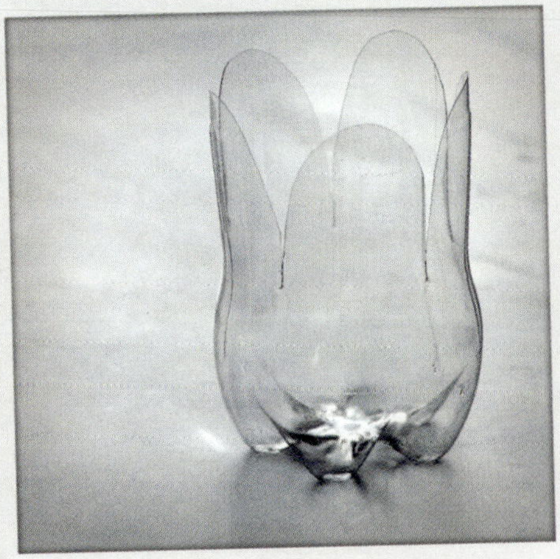

En position ouverte, on peut en faire un vase.

Les enfants peuvent la décorer seuls avec des papiers déchirés.

Dans une serviette en papier, ne prendre que la couche à motifs.

LES DANSEUSES
EN DENTELLE DE PAPIER

Jambes serrées et talons en pointe : le corps, une fois plié, en deux passe par la fente de la taille et retient la jupe.

MATÉRIEL
DU PAPIER
DES CISEAUX

COMMENT FAIRE

1 Découper un rond dans le papier. Le plier en deux, puis encore en deux, puis encore une fois, et une dernière fois : on obtient donc une pointe triangulaire.

2 Découper des formes qui mordent dans les arêtes de cette pointe, comme pour faire un flocon de neige.

3 Dans un autre morceau de papier, dessiner puis découper la forme du corps de la danseuse. C'est plus facile si l'on plie le papier en deux, puisque la forme est symétrique.

4 Déplier la jupe et pratiquer une fente aussi petite que possible mais par où doit pouvoir passer le corps.

5 Passer le corps dans la fente : la danseuse est prête à être suspendue.

L'EMPREINTE DE FEUILLES SUR GÉLATINE

MATÉRIEL

UNE BARQUETTE
2 FEUILLES DE GÉLATINE ALIMENTAIRE
DES FEUILLES D'ARBRE
DU PAPIER
DES CISEAUX
DE L'ENCRE OU DE LA GOUACHE NOIRE
UN PINCEAU
UNE CASSEROLE
UN FOUET

COMMENT FAIRE

1 Laisser tremper les feuilles de gélatine dans un récipient d'eau froide pendant 10 minutes pour les ramollir.

2 Faire chauffer 20 cl d'eau dans la casserole, y plonger les feuilles de gélatine égouttées et bien fouetter pour les dissoudre. Verser le mélange dans la barquette et laisser prendre au frais pendant quelques heures.

3 Quand la gélatine est bien prise, la recouvrir d'encre ou de gouache à l'aide du pinceau.

4 Disposer les feuilles d'arbre par-dessus, bien à plat.

5 Poser par-dessus une feuille de papier découpée pour rentrer dans la barquette et appuyer délicatement. La retirer : elle aura pris l'empreinte du fond noir, les feuilles ayant tracé des réserves blanches (photo de droite).

6 Retourner les feuilles d'arbre au même endroit et appliquer une autre feuille de papier (sans encrer) : cette fois, on aura un fond moins noir et les nervures seront bien apparentes (photo de gauche).

LES BOUGEOIRS
EN BULLES DE CIRE

Difficile de faire rentrer de l'eau si l'on n'enfile pas le ballon sur l'embout !

En faisant un mouvement circulaire, on enduit le ballon de cire assez haut.

En séchant, le ballon s'écrase à la base et prend un forme bien stable.

Le ballon se décolle très facilement de sa bogue de cire.

COMMENT FAIRE

1 Faire fondre la cire au bain-marie dans le bol profond calé dans une casserole d'eau chaude.

2 Remplir d'eau un ballon en le fixant à l'embout du robinet. Le fermer avec une pince.

3 Tremper le ballon dans la cire fondue plusieurs fois. Le laisser sécher sur du papier sulfurisé. Pour obtenir une sphère de cire plus solide (mais moins translucide), on peut répéter cette opération plusieurs fois.

4 Quand la coque de cire est solidifiéc, retirer la pince, vider l'eau et retirer le ballon. Déposer une bougie pour chauffe-plat au fond du bougeoir. Réitérer l'opération pour fabriquer d'autres bulles.

MATÉRIEL

DE LA CIRE À BOUGIE
UNE CASSEROLE
UN BOL PROFOND
UN BALLON DE BAUDRUCHE
UNE PINCE
DU PAPIER SULFURISÉ
DES BOUGIES POUR CHAUFFE-PLAT

LES PETITS POMPONS
AVEC UNE SIMPLE FOURCHETTE

COMMENT FAIRE

1 Enrouler de la laine serrée autour des dents de la fourchette.

2 Passer un fil de laine entre les dents centrales et serrer fort pour le nouer.

3 Retirer l'ensemble et serrer encore plus fort le lien du milieu. Finir le nœud.

4 Couper les brins de laine en enfilant la pointe des ciseaux dans les deux paquets de boucles, de part et d'autre du lien central.

5 Ébouriffer le pompon. Au besoin, l'égaliser aux ciseaux.

MATÉRIEL

DE LA LAINE
UNE FOURCHETTE
DES PETITS CISEAUX POINTUS

Fixé sur un feutre Velleda®, un pompon transformé en effaceur.

Les petits pompons ont la taille idéale pour jouer avec les bazookas page 90.

LES PERSONNAGES EN GALETS
POUR JOUER À MÉLANGER CORPS ET TÊTES

MATÉRIEL
DES GALETS
DE LA GOUACHE
UN PINCEAU FIN
DES FEUTRES POSCA®

COMMENT FAIRE

1 Faire des paires de galets en attribuant à chaque corps une tête.

2 Peindre les fonds, en gardant parfois le fond neutre du caillou comme couleur naturelle de peau.

3 Dessiner les détails au feutre.

Atelier de coloriage à quatre mains.

LES TABLEAUX POUR APPRENDRE À FAIRE SES LACETS ET SES NATTES

MATÉRIEL
DEUX COUVERCLES EN CARTON
UN MARQUEUR
UN STYLO BILLE POUR FAIRE LES TROUS
UNE PAIRE DE LACETS
SIX RUBANS DE 30 CM
DEUX ÉLASTIQUES À CHEVEUX

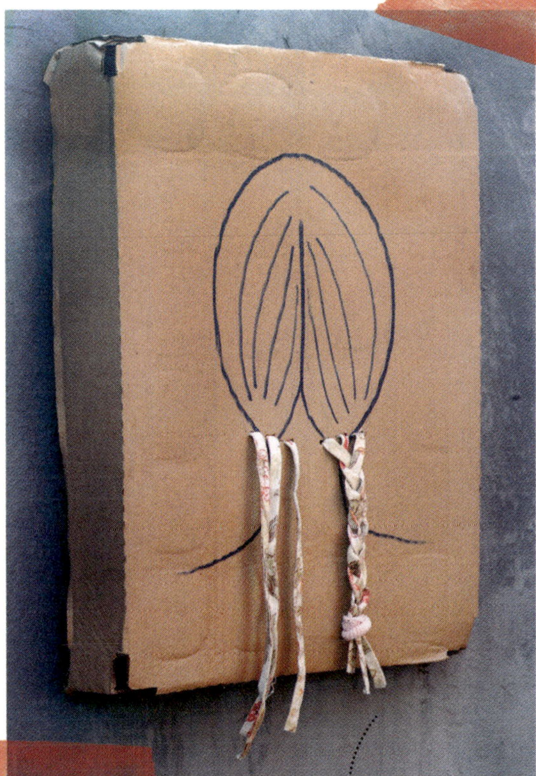

Tu prends la chaussure de droite et moi la gauche, OK ?

COMMENT FAIRE

1 Dessiner au marqueur, sur l'un des couvercles en carton, une paire de chaussures (on peut s'aider d'une paire de tongs d'enfants et en tracer le contour). Dessiner sur l'autre carton une tête vue de dos.

2 Percer des trous à l'emplacement des lacets et du départ des nattes.

3 Enfiler les lacets et attacher les rubans. Il ne reste plus qu'à faire son travail de grands-parents et à enseigner comment on fait les nœuds !

Et si on en faisait un cadeau pour la fête des Pères ?

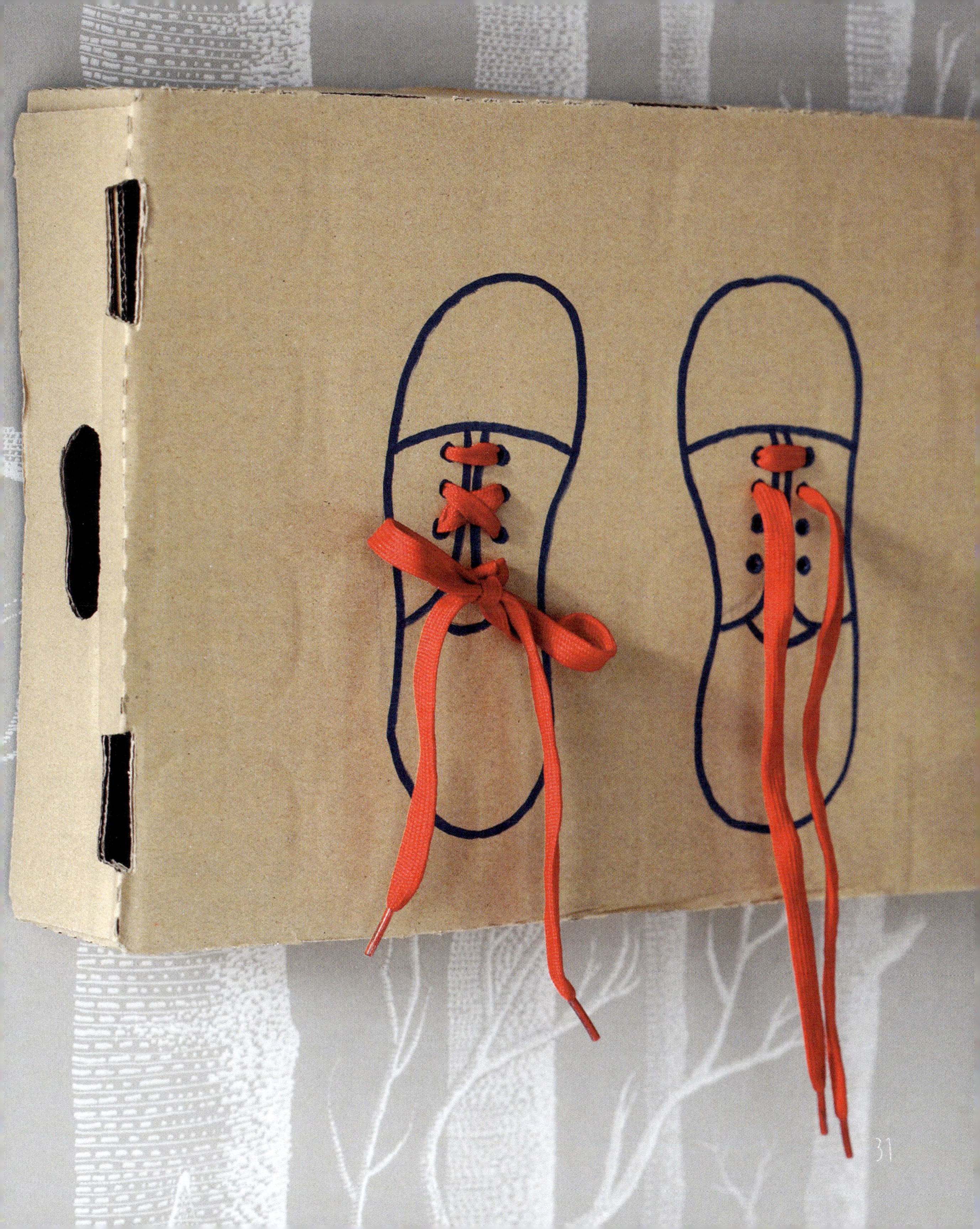

LA PETITE BOÎTE EN CLÉMENTINE SÉCHÉE

Attention à bien laisser dépasser la queue sans y toucher.

Surveiller de près le séchage pour modeler la boîte avant durcissement.

COMMENT FAIRE

1 Couper la clémentine en deux. Prélever la pulpe à l'aide d'une petite cuillère sans abîmer la peau orange et la peau blanche à l'intérieur.

2 La mettre à sécher sur un radiateur. Au bout d'une heure, elle aura un peu durci : la modeler avec les doigts en forme de petite boîte avant qu'elle ne perde toute sa souplesse. La laisser finir de sécher.

3 Recouvrir l'intérieur de ruban adhésif décoré. Enfiler la petite perle sur la tige.

MATÉRIEL

UNE CLÉMENTINE (AVEC SA QUEUE)
UN COUTEAU
UN RADIATEUR
DU RUBAN ADHÉSIF À MOTIFS
DES CISEAUX
UNE PETITE PERLE

LES PHOTOS RETOUCHÉES

ET SI ON DESSINAIT SUR LE PETIT FRÈRE ?

MATÉRIEL

UN BÉBÉ
UN DRAP BLANC
UN APPAREIL PHOTO
UNE IMPRIMANTE
UN MARQUEUR NOIR

COMMENT FAIRE

1 Allonger le bébé sur un drap blanc.

2 Le prendre en photo en pied, consentant ou endormi, dans des positions variées.

3 Imprimer les photos (ou, sinon, les faire tirer).

4 Dessiner sur les photos avec le marqueur.

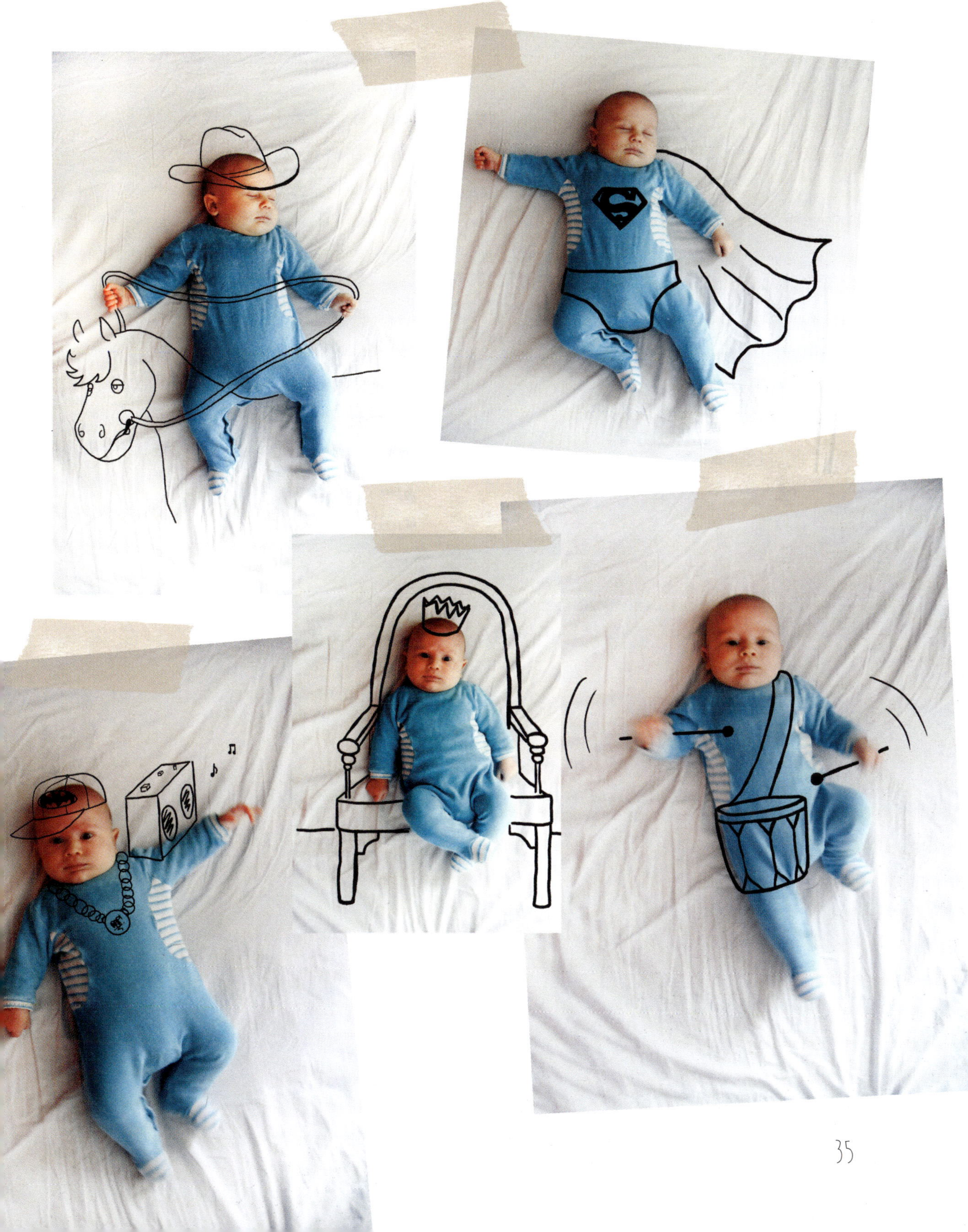

LA BANQUISE DES ARCHÉOLOGUES

ET SES ANIMAUX SURGELÉS

MATÉRIEL

UN MOULE À GÂTEAU
DE L'EAU
DU COLORANT BLEU
DES ANIMAUX EN PLASTIQUE
UN MARTEAU

COMMENT FAIRE

1. Disposer les animaux dans le moule.
2. Les recouvrir d'eau additionnée de colorant.
3. Laisser le plat au congélateur jusqu'au lendamain.
4. Jouer à libérer les animaux de leur gangue de glace à l'aide d'un marteau

LES BONSHOMMES
EN POMMES DE TERRE GERMÉES

MATÉRIEL

DES POMMES DE TERRE GERMÉES
UN CORRECTEUR BLANC
UN MARQUEUR NOIR
DES ALLUMETTES

COMMENT FAIRE

1 Dessiner les yeux et la bouche sur les pommes de terre à l'aide du correcteur.

2 Quand il est sec, ajouter les éléments en noir.

3 Piquer des allumettes pour former des pieds.

LA VAISSELLE DÉCORÉE
DANS UN BAIN DE VERNIS À ONGLES

MATÉRIEL

DES TASSES OU DES BOLS BLANCS
(1 € EN GRANDE SURFACE)
DU VERNIS À ONGLES
UN CURE-DENTS
UNE BARQUETTE JETABLE
(OU UN AUTRE RÉCIPIENT)
DE L'EAU

Tous les vernis ne réagissent pas de la même façon : faire plusieurs essais.

COMMENT FAIRE

1 Verser de l'eau froide dans la barquette, puis y lâcher quelques gouttes de vernis à ongles de couleurs différentes : ils doivent flotter à la surface et se répandre.

2 Dessiner éventuellement des arabesques à l'aide d'un cure-dents (procéder rapidement, avant que les vernis sèchent et se fripent).

3 Tremper partiellement le bol ou la tasse dans l'eau, de façon à imprimer le vernis dessus. Laisser sécher.

4 En cas d'erreur, on peut gratter le vernis ou retirer des taches avec du dissolvant. Laver ensuite la vaisselle à la main, éviter le lave-vaisselle. Mais ça tient plutôt bien !

L'ART DU KOKEDAMA

LES JARDINS SUSPENDUS JAPONAIS

苔玉

MATÉRIEL

DES PETITES PLANTES
DE L'ARGILE (À MODELER)
DU TERREAU
DE LA SPHAIGNE
(SINON, DU TERREAU À LA SPHAIGNE, AU RAYON DES ORCHIDÉES)
DE LA MOUSSE DES BOIS
UNE BASSINE
DU FIL SOLIDE NOIR
DU FIL DE FER FIN

COMMENT FAIRE

1 Mettre de l'argile à tremper pendant quelques heures dans de l'eau pour qu'elle se ramollisse.

2 Pendant ce temps, partir en balade, déterrer des petites plantes et décoller des plaques de mousse des bois.

3 Mélanger un tiers d'argile, un tiers de terreau et un tiers de sphaigne dans la bassine, afin d'obtenir une pâte homogène et modelable.

4 Dénuder délicatement les racines de la plante choisie.

5 Former une boule de pâte autour de ces racines, puis l'envelopper de mousse.

6 Maintenir cette mousse au moyen de fil, en entourant la sphère de toutes parts, puis faire un nœud.

7 Fixer le fil de fer au fil ou à travers la sphère de façon à pouvoir la suspendre. Arroser ou immerger la plante de temps en temps.

Il suffit d'ajouter
des petits personnages,
et on dirait les planètes
du Petit Prince...

LE MONSTRE DE GENOU DANS UN JEAN ABÎMÉ

MATÉRIEL

UN JEAN AVEC UN ACCROC AU GENOU
DU TISSU ROUGE
DE LA FEUTRINE BLANCHE ET NOIRE
DU FIL ET UNE AIGUILLE
DES CISEAUX

COMMENT FAIRE

1 Coudre un morceau de tissu rouge derrière l'accroc.

2 Découper des yeux en feutrine blanche et noire, et éventuellement des dents.

3 Les coudre à tout petits points sur le tissu rouge.

L'ÉTAGÈRE ABÉCÉDAIRE
EN POTS DE YAOURTS

Vue de l'arrière. Un petit bricolage à faire à deux, et qui ne coûte rien.

COMMENT FAIRE

1 Marquer les emplacements des pots au crayon sur les cartons.

2 Découper ces trous au cutter.

3 Coller le rebord des pots sur le carton.

4 Écrire les lettres de l'alphabet au marqueur blanc.

5 Remplir les cases avec des petits objets dont l'initiale correspond à la lettre indiquée.

MATÉRIEL

VINGT-SIX POTS DE YAOURT
(OU AUTRES BARQUETTES À REBORDS)
DES CARTONS
UN CRAYON
UN CUTTER
DE LA COLLE
UN MARQUEUR BLANC

Un bon exercice
pour apprendre
à écrire...
et à ranger !

LES BOULES DE GLACE ÉCLAIRÉES DE L'INTÉRIEUR

MATÉRIEL
DES BALLONS DE BAUDRUCHE
DE L'EAU
DES BOUGIES POUR CHAUFFE-PLAT

COMMENT FAIRE

1 Enfiler l'embout d'un ballon au robinet de l'évier et le remplir d'eau. Fermer avec un nœud.

2 Le laisser au congélateur jusqu'au lendemain.

3 Quand la glace est prise, retirer le ballon du congélateur : après une nuit, le cœur de la boule devrait être encore liquide. Déchirer le ballon et vider l'eau.

4 On obtient une sphère translucide magnifique. Il suffit de mettre une bougie au milieu.

C'est à la nuit tombée
quelle deviennent très belles

En hiver,
quand il fait bien froid,
on peut éclairer ainsi
une allée du jardin.

On peut congeler
à nouveau les boules
pour les ressortir plus tard,
mais elles n'auront plus
la même transparence
que la première fois.

LE BAC À SABLE DE CUISINE
POUR APPRENDRE À ÉCRIRE

COMMENT FAIRE

1 Verser quelques poignées de sel dans un sac en plastique. Ajouter quelques gouttes d'encre, bien mélanger : le sel est ainsi teinté uniformément.

2 Répandre le sel sur une plaque allant au four et le faire sécher en le laissant à 50 °C pendant 15 minutes.

3 Pendant ce temps, écrire au feutre les modèles de lettres sur des fiches en papier.

4 Le jeu consiste à reproduire les lettres dans le sable coloré, au moyen de la baguette chinoise. Pour effacer, il suffit de secouer la plaque sans même la soulever, comme un Télécran® !

MATÉRIEL

DU SEL FIN
DE L'ENCRE
UN SAC EN PLASTIQUE FIN
UNE PLAQUE ALLANT AU FOUR
UNE BAGUETTE CHINOISE
DES FEUILLES DE PAPIER
UN FEUTRE

Les enfants trouveront toujours un usage ludique à un sac de sel coloré.

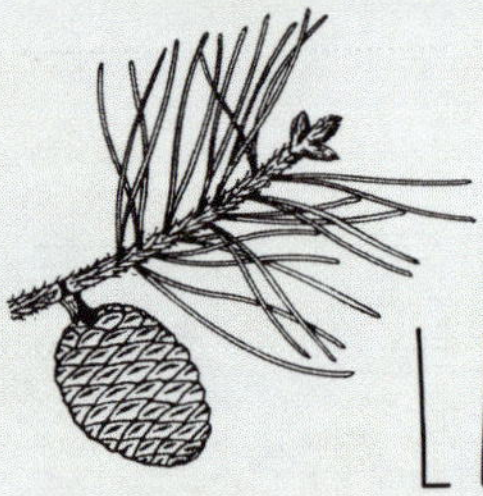

LE FUSAIN FAIT MAISON

EN SAPIN DE NOËL

COMMENT FAIRE

1 Couper des brindilles de sapin de Noël et retirer leurs épines. Quand elles ne sont pas trop fines, c'est encore mieux de leur retirer l'écorce à l'aide d'un couteau.

2 Les placer dans la boîte en métal, fermer le couvercle et le percer d'un petit trou.

3 Placer cette boîte fermée sur un réchaud, un brûleur à gaz ou des braises. (Si vous faites ça à l'intérieur, ouvrez les fenêtres!) Bientôt, une fumée blanche va sortir : c'est l'humidité qui s'évapore. Ensuite, la fumée deviendra noire.

4 Quand plus rien ne sort, ou peut faire un test en présentant la flamme d'un briquet ou d'une allumette au-dessus du trou de la boîte. Si une flamme se maintient dans le trou, c'est que la combustion a été effectuée.

5 Arrêter le feu, prendre la boîte avec une pince et la plonger dans de l'eau pour la refoidir instantanément. L'ouvrir : les fusains sont prêts pour dessiner !

L'idéal est d'utiliser des brindilles de fusain ou de saule, mais ça marche aussi avec les épineux, d'où l'idée du sapin.

MATÉRIEL

DES PETITES BRANCHES D'ÉPINEUX (PAR EXEMPLE, UN SAPIN DE NOËL)
UNE BOÎTE EN MÉTAL QUI FERME (À DÉFAUT, UNE BOÎTE DE CONSERVE FERMÉE PAR DU PAPIER D'ALUMINIUM)
UN RÉCHAUD, UNE PLAQUE DE GAZ OU UN FEU
UN COUTEAU
UNE ALLUMETTE OU UN BRIQUET
UNE PINCE (DE CUISINE OU DE CHEMINÉE)

L'ART DU GYOTAKU

ET LE TAMPON AVEC SON NOM EN JAPONAIS

魚拓

MATÉRIEL

UN POISSON ENTIER
(SUR LA PHOTO, UN HARENG À 0,70 €)
DE L'ENCRE NOIRE
UN PINCEAU
DE LA PÂTE À MODELER
(À DÉFAUT, DE LA MIE DE PAIN)
DU PAPIER DE SOIE
DES CISEAUX
UNE BARQUETTE EN POLYSTYRÈNE
UN PETIT MIROIR DE POCHE
UN TAMPON ROUGE
(À DÉFAUT, DE LA GOUACHE ROUGE)
UN CURE-DENTS

On peut aussi fixer ce bout de polystyrène sur un bouchon pour que ça fasse tampon.

COMMENT FAIRE

1 Laver et sécher le poisson. L'étaler et caler des petites boulettes aplaties de pâte à modeler sous ses nageoires pour les surélever un peu.

2 Recouvrir le poisson d'encre à l'aide du pinceau.

3 Appliquer du papier de soie sur le poisson. Appuyer délicatement partout, à partir du centre, vers l'extérieur, en évitant de faire des plis.

4 Retirer le papier : voici une première empreinte. On peut retoucher l'œil de la pointe du pinceau.

5 L'encre imbibée dans les écailles devrait permettre de réitérer l'opération deux fois encore. Au besoin, ne réencrer que les nageoires.

6 Découper une petite bande de polystyrène dans la barquette : elle servira à réaliser un tampon de signature.

7 Chercher sur Internet un site de traduction des prénoms en japonais (par exemple, www.lekanji.com). Approcher le miroir de l'écran et recopier le reflet en gravant les idéogrammes à l'envers à l'aide d'un cure-dents (sur la photo, on a choisi d'écrire verticalement).

8 Presser le polystyrène gravé sur le tampon rouge ou le recouvrir de gouache rouge et appuyer le tampon dans un coin du papier de soie pour signer son œuvre.

Autrefois,
les pêcheurs japonais utilisaient
cette technique pour garder une trace
de leurs plus belles prises.
Par la suite, c'est devenu tout un art.

Tapez « gyotaku »
dans un moteur de recherche d'images,
et vous verrez des merveilles !

LES COLLIERS EN VASES MINIATURES

POUR PORTER UN BOUQUET AUTOUR DU COU

MATÉRIEL

DE LA PÂTE À MODELER DURCISSANT À L'AIR
DES CURE-DENTS
DE LA FICELLE FINE
DE LA MOUSSE
DES PETITES FLEURS

COMMENT FAIRE

1. Modeler des vases miniatures en forme de pot, de poche ou de jardinière.
2. Piquer un cure-dents pour marquer les trous par où passera la ficelle du collier.
3. Laisser durcir à l'air le temps indiqué.
4. Retirer les cure-dents, passer la ficelle dans les trous.
5. Garnir de mousse et de fleurs, puis nouer au cou de la petite fille.

LES VITRAUX EN COLLE
QUI ATTRAPENT LE SOLEIL

MATÉRIEL

- DES ASSIETTES (PAR EXEMPLE JETABLES)
- DU FILM ALIMENTAIRE
- DE LA COLLE BLANCHE
- DES ENCRES
- DU PRODUIT À VAISSELLE
- UN CURE-DENTS
- DES CISEAUX
- DE LA PATIENCE

COMMENT FAIRE

1 Recouvrir les assiettes de film alimentaire (pour faciliter le décollage ultérieur).

2 Verser de la colle, assez pour couvrir le fond.

3 Lâcher quelques gouttes d'encre (pas trop) et jouer à les faire baver avec un cure-dents.

4 Faire l'expérience éblouissante de lâcher une toute petite goutte de produit à vaisselle sur une tache d'encre (ou à côté) : la couleur se diffracte lentement, on dirait du corail !

5 Laisser sécher. À vrai dire, en séchant, les couleurs vont s'étendre et se mélanger. Ce sera différent, moins fin, mais beau quand même. Et la colle blanche deviendra transparente.

6 Quand la colle est sèche (ça prend plusieurs jours), décoller les disques translucides et les découper de la forme que l'on veut. Pour les coller sur une vitre, il suffit de les humidifier. En anglais, on les appelle des « suncatchers » (des attrape-soleil).

LES PETITES ROBES EN PAPIER PLIÉ

MATÉRIEL
UN MORCEAU DE PAPIER CARRÉ

COMMENT FAIRE
SUIVRE LES ÉTAPES CI-DESSOUS.

5
6
7
8

LA BATTERIE
EN PETITES BOÎTES DE CONSERVE

MATÉRIEL

DEUX PETITES BOÎTES DE CONCENTRÉ DE TOMATE
UNE GROSSE BOÎTE (PÂTÉ, CRABE…)
UNE BOÎTE MOYENNE ET PLATE (THON…)
UNE PETITE BOÎTE DE CRÈME DE MARRONS
DU FIL DE FER
UN OUVRE-BOÎTE
UNE PINCE
UN CLOU
UN MARTEAU

Un trépied : on tourne chaque boucle en torsade et on entortille les extrémités autour du mât.

COMMENT FAIRE

1 Ouvrir, vider, laver et sécher toutes les boîtes.

2 Percer les trois plus petits couvercles en leur centre à l'aide du clou et du marteau.

3 Fabriquer des pieds avec du fil de fer doublé en torsade, à l'aide de la pince.

4 Poser les boîtes sur leurs supports et piquer les cymbales percées sur les mâts des trépieds.

ÉMIETTE DE THON
ZANZIBAR
ZANZIBAR

LES PETITES MAISONS DE FÉES
AU PIED DES ARBRES

MATÉRIEL
DES MORCEAUX D'ÉCORCE
DES CISEAUX
DES GRAINES OU DES FRUITS SECS
UN FEUTRE NOIR
UN FEUTRE BLANC

COMMENT FAIRE

1 Faire un premier tour dans la forêt pour rapporter des morceaux d'écorce. Si elles sont très dures, les faire tremper dans de l'eau pour les ramollir : elles se découperont aux ciseaux.

2 Découper des petites portes et des petites fenêtres dans les écorces. Ajouter des poignées en graines et des ornements au feutre.

3 Faire une seconde promenade en forêt pour installer portes et fenêtres au pied des arbres ou entre les roches, en cherchant les grottes miniatures naturelles.

4 Les photographier avant de les laisser vivre leur vie éphémère en espérant qu'elles seront colonisées par les fées ou les écureuils.

LA BOULE À NEIGE
AVEC UN PETIT JOUET RECYCLÉ

MATÉRIEL

UN BOCAL
UN PETIT JOUET
DE LA COLLE FORTE
DE L'EAU
DE LA GLYCÉRINE (EN PHARMACIE)
DES PAILLETTES
DURUBAN ADHÉSIF DÉCORATIF

COMMENT FAIRE

1 Coller le petit jouet sur le couvercle du bocal (idéalement au pistolet à colle, sinon avec de la colle forte en tube). Si jamais le jouet est trop bas, on peut le coller sur un piédestal fait avec une brique de Lego® ou avec un bouchon. Bien laisser sécher.

2 Verser des paillettes (pas trop), puis environ une cuillerée à soupe de glycérine et de l'eau presque à ras bord.

3 Enduire le pas de vis du couvercle de colle. Visser le couvercle en essayant d'éviter de laisser une trop grosse poche d'air dans le bocal.

4 Recouvrir l'extérieur du pas de vis avec du ruban adhésif décoratif.

La glycérine n'est pas indispensable, elle sert à ralentir la chute des paillettes.

LA CABANE EN CAGEOT

PERCHÉE DANS UN BAOBABROCOLI

MATÉRIEL

DEUX BROCOLIS
(UN ENTIER + UN PIED)
UN CAGEOT
DE LA COLLE EN TUBE
DES BROCHETTES EN BOIS
DES CURE-DENTS
DE LA FICELLE
DES CISEAUX
UNE VRILLE
UN COUTEAU

COMMENT FAIRE

1 Bien choisir le meilleur endroit du brocoli pour fixer la future maison. Tailler la terrasse, qui épouse la forme du tronc, dans un morceau de cageot, à l'aide des ciseaux. Planter des cure-dents dans le tronc, qui serviront à la soutenir.

2 Percer des trous dans la terrasse et y piquer des morceaux de cure-dents. Entrelacer de la ficelle pour finaliser la rambarde.

3 Découper de fines lamelles de cageot et réaliser les trois murs de la maison (avec portes et fenêtres), collés sur des contreforts verticaux. Les coller à la terrasse. Coller le toit, puis le recouvrir de tuiles, toujours en cageot.

4 Découper un palier en cageot et le percer en trois endroits. Fixer le brocoli entier au pied retourné du second brocoli, avec le palier entre eux, au moyen de trois morceaux de brochettes piqués dedans et passant par les trous. Ajouter les contreforts de la terrasse en brochette (uniquement décoratifs).

5 Tailler les marches en pointe. Pratiquer des fentes dans le tronc puis les y piquer.

Un bonhomme en attache parisienne et en bambou.

L'implantation de la terrasse, du palier et des marches en colimaçon.

La cabane n'a que trois côtés. Elle est conçue pour épouser le tronc.

Astuce pour augmenter la hauteur du tronc : il y a deux pieds de brocoli. Celui du bas est à l'envers.

LES CHEMISES DE PAPA

EN ORIGAMI D'ENVELOPPES

Marquer le pli central dans la longueur puis rabattre chaque moitié vers ce pli.

D'un côté, ouvrir en deux triangles, à un tiers de la longueur. De l'autre, opérer un petit rabat de 5 mm vers l'arrière.

Plier le col du côté du petit rabat. Puis plier le tout en deux.

MATÉRIEL

DES ENVELOPPES USAGÉES
DES CISEAUX
UN STYLO À POINTE FINE

COMMENT FAIRE

1 Mettre de côté les enveloppes de courriers administratifs divers (banque, assurance, impôts, fournisseurs d'énergie…) et attirer l'attention des enfants sur la finesse des motifs qui se cachent à l'intérieur ainsi que leur ressemblance avec les motifs des chemises masculines.

2 Y découper des rectangles d'environ 5,5 x 10 cm.

3 Opérer les plis en suivant les étapes montrées en photo à gauche.

4 Pour finir, quand on plie le tout, glisser l'encolure droite sous les deux petites pointes du col.

5 Tracer une rangée de tout petits points au stylo pour représenter les boutons.

LES FLOCONS SUSPENDUS
EN COTONS-TIGES®

MATÉRIEL
DES COTONS-TIGES®
DE LA COLLE BLANCHE
DU PAPIER SULFURISÉ
DES CISEAUX
DU FIL
(DE COTON, DE NYLON®
OU DE FER TRÈS FIN)

COMMENT FAIRE

1 Disposer les Cotons-Tiges® sur le papier sulfurisé en suivant les trois modèles. Parfois, certains devront être sectionnés à l'aide de ciseaux.

2 Faire couler des petits plots de colle aux intersections ainsi qu'à certaines extrémités, si l'on veut donner une apparence de plaques de givre.

3 Laisser sécher (au moins une journée), puis décoller délicatement et suspendre devant une fenêtre au moyen d'un fil.

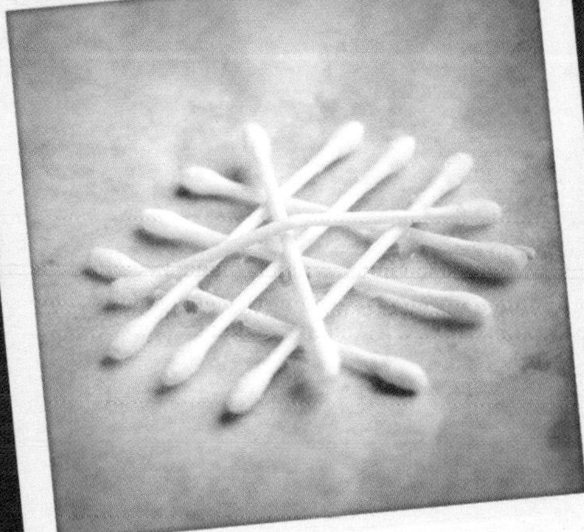

Celui-ci tiendra mieux si l'on fléchit un peu le bâtonnet supérieur.

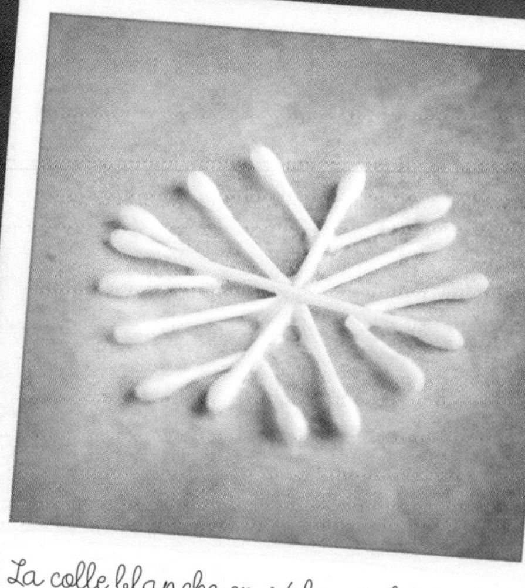

La colle blanche, en séchant, deviendra translucide, ressemblant à du givre.

Expériences
et tours de magie

LE LAIT MAGIQUE
QUI DESSINE TOUT SEUL

Attention, ça va très vite !

En un clin d'œil, une étoile ou un rond se forme et repousse les couleurs.

MATÉRIEL

DU LAIT
DES COLORANTS ALIMENTAIRES
UNE ASSIETTE CREUSE
UN COTON-TIGE®
DU LIQUIDE VAISSELLE

L'explication : le liquide vaisselle forme une flaque invisible à la surface.

COMMENT FAIRE

1. Verser du lait dans l'assiette.
2. Y déposer quelques gouttes de colorants alimentaires.
3. Tremper le Coton-Tige® dans le liquide vaisselle puis à la surface du lait : les couleurs s'écartent aussitôt, comme par magie.

On peut répéter ce geste
sur les bords, là où
les couleurs sont denses.
Ensuite, on joue à faire
de la peinture mouvante
à la surface.

LA BOUGIE FLOTTANTE INVISIBLE
ET QUASI ÉTERNELLE

MATÉRIEL

UNE PETITE BOUTEILLE
DONT LE FOND A DES RAINURES EN ÉTOILE
ET UN PETIT CREUX CENTRAL
UNE FEUILLE DE PAPIER TOILETTE
UN RÉCIPIENT (DE PRÉFÉRENCE TRANSPARENT)
DE L'EAU
DE L'HUILE VÉGÉTALE (DE CUISINE)
UNE PERCEUSE AVEC UNE MÈCHE TRÈS FINE
UN CUTTER ET DES CISEAUX
DES ALLUMETTES OU UN BRIQUET

On peut jouer à créer un décor sous-marin : la bougie en sera d'autant moins visible.

COMMENT FAIRE

1 Découper le fond de la bouteille de façon à obtenir une fleur quasi plate.

2 Percer le centre de cette fleur à l'aide d'une perceuse équipée d'une mèche très fine (2 mm de diamètre environ).

3 Découper le quart d'une feuille de papier toilette et le rouler aussi serré que possible afin de fabriquer une mèche. L'enfiler dans le trou, laisser dépasser 1,5 cm au-dessus (côté creux) et 0,5 cm en dessous (côté bombé). Couper l'excédent.

4 Verser de l'eau dans le récipient, puis de l'huile, qui va former une nappe flottant à la surface.

5 Déposer la fleur sur l'huile. Celle-ci va couler dans les rainures et imbiber la mèche. L'allumer. La bougie fonctionnera tant qu'il restera de l'huile. On peut en verser à nouveau, sans fin, sans même changer la mèche !

LE LIVRE CACHETTE SECRÈTE
QUI DATE DE L'ÉPOQUE DES VRAIS TRÉSORS

COMMENT FAIRE

1 Pour que la boîte ait une certaine profondeur, on utilise deux livres collés l'un sur l'autre, pas tout à fait bien alignés, afin que l'empilement ait l'air plus naturel. Commencer par le livre le plus petit, qui sera au-dessus. Marquer l'emplacement du trou à l'arrière, puis découper la couverture au cutter.

2 Prolonger la découpe sur les pages intérieures, à l'exception des premières, que l'on gardera intactes.

3 Poser le petit livre sur le grand, marquer le tour du trou et découper la couverture du grand, puis les pages intérieures.

4 Coller les deux livres ensemble, puis coller une bande de carton le long des parois du trou. Le recouvrir avec le papier décoratif.

MATÉRIEL

DEUX VIEUX LIVRES D'OCCASION
UN CRAYON À PAPIER
UN CUTTER
UNE RÈGLE
DU CARTON FIN
DU PAPIER DÉCORATIF
DE LA COLLE

8. Quam nemo principum hujus seculi cognovit : si
enim cognovissent, numquam Dominum gloriæ cruci-
fixissent.
9. Sed sicut scriptum est : Quod oculus non vidit,
nec auris audivit, nec in cor hominis ascendit, quæ
præparavit Deus iis qui diligunt illum :
n'a

L'EXPÉRIENCE EFFERVESCENTE
COMME LES LAMPES DES ANNÉES 1970

MATÉRIEL

UN VERRE HAUT
DE L'EAU
UN COLORANT (ALIMENTAIRE OU ENCRE)
DE L'HUILE DE COULEUR CLAIRE
UN CACHET EFFERVESCENT

COMMENT FAIRE

1 Verser de l'eau de façon à remplir un quart du verre. La teinter avec quelques gouttes de colorant. Mélanger.

2 Verser de l'huile presque jusqu'en haut du verre.

3 Couper le cachet effervescent en quatre et le lâcher par morceaux : il va tomber au fond et faire remonter des bulles d'eau colorée à travers l'huile.

Déjà, quand on verse l'huile, c'est beau !

LE BRACELET
EN BROSSE À DENTS RECYCLÉE

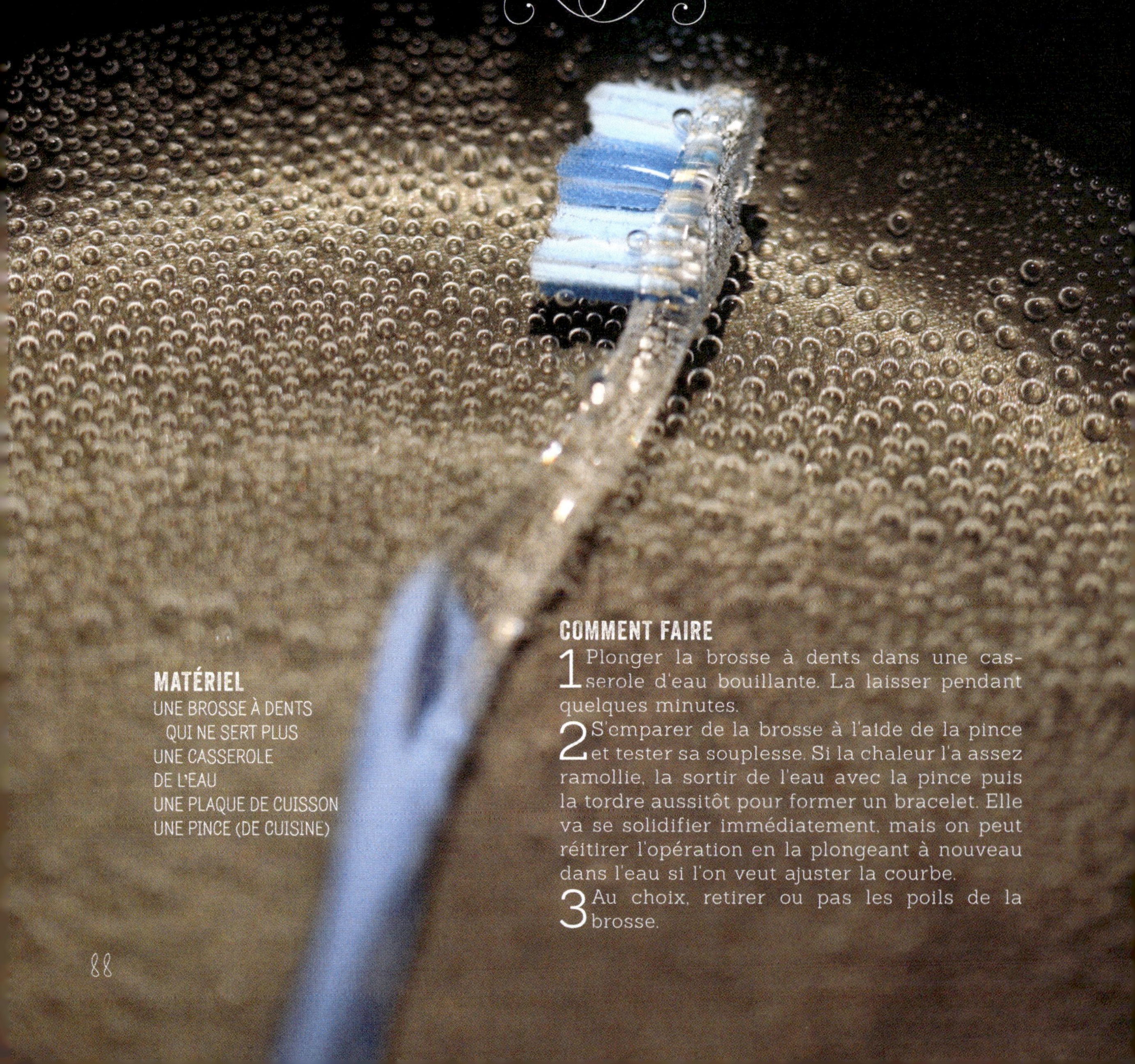

MATÉRIEL

UNE BROSSE À DENTS
QUI NE SERT PLUS
UNE CASSEROLE
DE L'EAU
UNE PLAQUE DE CUISSON
UNE PINCE (DE CUISINE)

COMMENT FAIRE

1 Plonger la brosse à dents dans une casserole d'eau bouillante. La laisser pendant quelques minutes.

2 S'emparer de la brosse à l'aide de la pince et tester sa souplesse. Si la chaleur l'a assez ramollie, la sortir de l'eau avec la pince puis la tordre aussitôt pour former un bracelet. Elle va se solidifier immédiatement, mais on peut réitérer l'opération en la plongeant à nouveau dans l'eau si l'on veut ajuster la courbe.

3 Au choix, retirer ou pas les poils de la brosse.

On peut aussi épiler
la brosse pour que
ça ressemble davantage
à un bracelet...

LE FANTÔME
EN TOILE AMIDONNÉE

Un ballon pour le grand fantôme, une clémentine pour le petit.

Bien imbibés d'amidon, les deux fantômes en phase de séchage.

MATÉRIEL

DE LA TARLATANE OU DE LA TOILE À BEURRE
DE L'AMIDON EN VAPORISATEUR
(AU RAYON LESSIVE DES GRANDES SURFACES)
UN BALLON DE BAUDRUCHE
UNE BOUTEILLE VIDE
DU FIL DE FER
DEUX PERLES FONCÉES ET LÉGÈRES
DU FIL
UNE AIGUILLE

COMMENT FAIRE

1 Composer l'armature du fantôme en faisant tenir le ballon sur la bouteille et en modelant l'arc des bras avec le fil de fer.

2 Recouvrir cette armature de la tarlatane, au besoin après l'avoir mouillée pour qu'elle soit plus fluide.

3 Vaporiser généreusement de l'amidon de tous côtés. Laisser sécher près d'une source de chaleur jusqu'au lendemain.

4 Décoller délicatement le fantôme de son armature et lui coudre des perles à l'emplacement des yeux (on peut aussi coudre des boutons ou juste coller des pastilles noires).

LA FAUSSE NEIGE
EN MOUSSE À RASER + MAÏZENA®

Quel bonheur, le mélange de ces deux textures !

COMMENT FAIRE

1 Mélanger du bout des doigts dans un saladier de la mousse à raser et de la Maïzena® jusqu'à obtenir une consistance ni collante ni poudreuse : voilà la fausse neige.

2 Malaxer plus fermement et ajuster au besoin les quantité de mousse ou de poudre jusqu'à obtenir une pâte homogène : cette fois, voilà de la pâte à modeler très fine et douce au toucher.

MATÉRIEL

DE LA MOUSSE À RASER
DE LA MAÏZENA®
UN GRAND SALADIER
UNE SURFACE DE TRAVAIL PLASTIFIÉE

Et puis ça se transforme comme par magie en pâte à modeler.

Cette fausse neige
se transforme en pâte
à modeler si fine qu'on peut
même l'utiliser pour prendre
ses empreintes digitales
ou celles des feuilles
d'arbre aux nervures
délicates.

LE RÉVEIL DU FANTÔME
ÉLECTROSTATIQUE

MATÉRIEL

DU PAPIER DE SOIE
UN FEUTRE NOIR
DES CISEAUX
UN BALLON GONFLABLE
DU RUBAN ADHÉSIF

COMMENT FAIRE

1 Découper une forme de fantôme dans un morceau de papier de soie et lui dessiner des yeux et une bouche.

2 Le fixer sur la table, par le bas, avec un morceau de ruban adhésif.

3 Gonfler un ballon, le nouer et le frotter sur ses cheveux ou sur un vêtement pour le charger en électricité statique.

4 Approcher le ballon du fantôme et jouer à le redresser sans le toucher. C'est magique ! Il bouge tout seul. On peut même le faire danser.

*Même principe à usage décoratif :
lors d'une fête d'anniversaire,
pour faire tenir des ballons au plafond,
il suffit de les frotter d'abord sur ses cheveux…*

1
2
3
4

LE TEST DU FEUTRE NOIR
QUI CACHAIT UN ARC-EN-CIEL

MATÉRIEL

DIFFÉRENTS FEUTRES NOIRS ORDINAIRES (EXCEPTÉ DES INDÉLÉBILES)
UN FILTRE À CAFÉ
UNE CHENILLE (FIL DE FER POILU)
UN VERRE D'EAU
DES CISEAUX
UN BOL (POUR TRACER LE CERCLE)

COMMENT FAIRE

1 Tracer un grand cercle sur un filtre à café à l'aide d'un bol retourné. Le découper.

2 Dessiner sur ce filtre une ronde de petits ronds noirs à l'aide des différents feutres.

3 Percer le disque de papier, en son centre, avec une chenille, de façon à la faire dépasser un peu au-dessus et beaucoup en dessous.

3 Placer le papier sur un verre d'eau (chenille dans l'eau) et observer la lente diffusion de l'encre à partir du centre : toutes sortes de couleurs apparaissent, différentes selon les feutres utilisés, et qui se cachaient derrière ce qui, en apparence, était un même noir.

On peut s'amuser à dessiner d'autres motifs, que l'eau déformera lentement.

On remarque que certaines taches noires restent près du centre, tandis que d'autres, par diffusion, sont emportées jusqu'au bord du disque.

LA CARTE POSTALE EN PAPIER À FAIRE GERMER

Ci-dessus, la carte dans son enveloppe.
Ci-dessous, la même dix jours après !

COMMENT FAIRE

1 Déchiqueter quelques feuilles de papier journal et les faire tremper dans une bassine d'eau pendant quelques heures.

2 Les passer au mixeur pour les réduire en bouillie.

3 Y incorporer des graines, en mélangeant cette fois à la main.

4 Étaler cette bouillie sur le tamis et presser pour extraire le plus d'eau possible. Achever d'extraire l'eau en pressant un torchon dessus.

5 Laisser sécher au-dessus d'un radiateur jusqu'au lendemain.

6 Quand le papier est sec, le découper en forme de carte postale et y écrire un mot au feutre. Expliquer à l'enfant qu'il devra arroser sa carte postale un peu chaque jour pour la voir pousser. Et l'envoyer par la poste dans une enveloppe…

MATÉRIEL

DU PAPIER JOURNAL
UNE BASSINE
DES GRAINES À FAIRE GERMER (MAGASIN BIO)
UN TAMIS FIN (PAR EXEMPLE,
UN COUVERCLE ANTI-ÉCLABOUSSURES)
UN ROBOT MIXEUR
UN TORCHON
UN FEUTRE
UNE ENVELOPPE
DE L'EAU
DES CISEAUX

DU SLIME* FAIT MAISON
EN 5 MINUTES (ET COMESTIBLE !)

INGRÉDIENTS
DU PSYLLIUM BLOND
(ÉPICERIE BIO OU INDIENNE)
DE L'EAU
DU COLORANT ALIMENTAIRE

MATÉRIEL
UN GRAND RÉCIPIENT EN VERRE
UN FOUR MICRO-ONDES

Le psyllium : 1,95 € chez Velan, à Paris, passage Brady, ou sur www.e-velan.com.

COMMENT FAIRE
1 Mélanger dans un grand récipient en verre 2 cuillerées à soupe bombées de psyllium et 20 cl d'eau froide. Ajouter quelques gouttes de colorant alimentaire.

2 Faire cuire au four à micro-ondes pendant 1 minute. La mixture doit faire des bulles. Au besoin, mélanger et prolonger la cuisson.

3 Laisser refroidir la pâte en l'étalant sur les parois du récipient. Elle va rapidement former une sorte de peau élastique avec laquelle on peut jouer telle quelle ou que l'on peut malaxer.

* Slime : matière visqueuse, gluante, colorée, agréablement dégoûtante à tripoter, voire à projeter sur les vitres.

Dans le cadre d'une épreuve de courage, on peut même essayer d'en manger : c'est inoffensif pour la santé (le psyllium est une fibre qui facilite le transit).
On peut aussi sucrer le mélange avant de le passer au micro-ondes.

Enfermé dans une boîte, le slime devient une élégante « pâte à prouts ».
(Hum, faites-vous expliquer le principe...)

LES MAINS LUMINEUSES
QUI FONT PEUR DANS LE NOIR

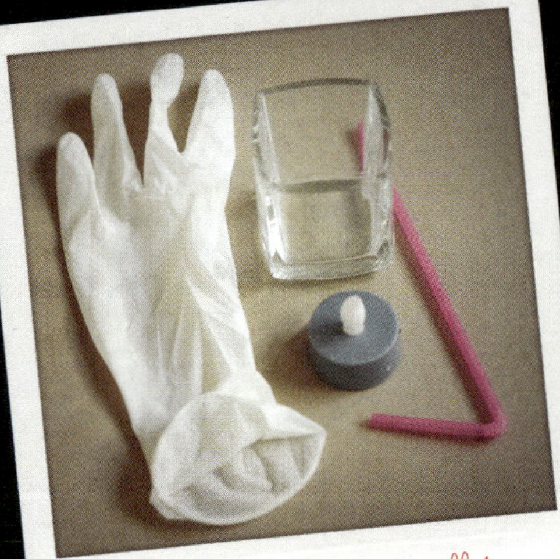
Peu de matériel pour un effet assez bluffant dans l'obscurité.

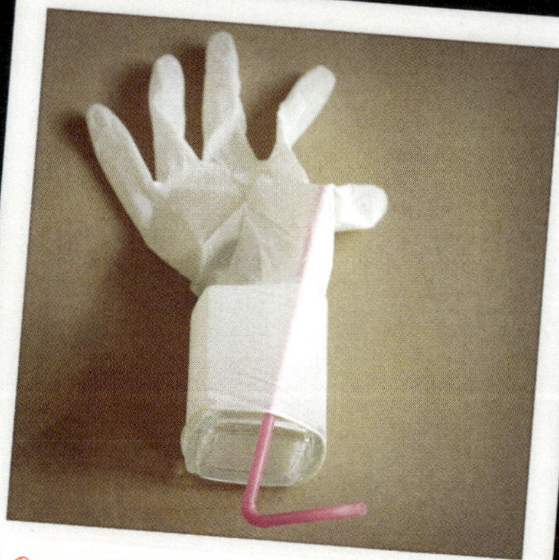
Quand le gant est gonflé, on retire la paille en pressant vite le haut du verre.

COMMENT FAIRE

1 Allumer une bougie et la placer au fond de l'un des verres.

2 Enfiler un gant autour de ce verre (il doit être bien ajusté).

3 Glisser une paille dans le gant et souffler pour gonfler la main.

4 Retirer la paille rapidement : le gant doit rester gonflé. Toute l'astuce consiste donc à trouver le bon verre par rapport au diamètre du gant. Une forme droite est conseillée plutôt qu'une forme évasée, afin de faciliter la position de la paille.

MATÉRIEL

DES GANTS DE LATEX FINS
DES VERRES OU PHOTOPHORES DROITS
DES BOUGIES ÉLECTRIQUES
UNE PAILLE

LES ŒUFS CRAQUELÉS (QUI SE MANGENT QUAND MÊME)

MATÉRIEL

DES ŒUFS
DU COLORANT ALIMENTAIRE
UN BOL

COMMENT FAIRE

1 Faire cuire les œufs à l'eau bouillante pendant 10 minutes afin d'obtenir des œufs durs.

2 Les tapoter délicatement surune surface dure de façon à les craqueler sans pour autant que la coquille parte en morceaux.

3 Les plonger dans de l'eau additionnée de colorant. Laisser s'imprégner pendant quelques heures.

4 Écaler délicatement les œufs : l'eau colorée aura pénétré par les petites fentes. L'intérieur de la coquille est aussi beau que l'œuf lui-même. Attention toutefois, le dessin ne reste pas précis longtemps, il finit par baver à la surface.

LA MÉDUSE
DANS UNE BOUTEILLE

MATÉRIEL

UN SAC EN PLASTIQUE FIN ET TRANSPARENT
DES CISEAUX
UNE BOUTEILLE À LARGE GOULOT AVEC UN BOUCHON QUI SE VISSE
DE L'EAU
UN ÉLASTIQUE BLANC
DE L'ENCRE BLEUE

COMMENT FAIRE

1 Former un puits avec l'une de ses mains et appliquer le sac en plastique dans le creux ainsi constitué.

2 Y verser de l'eau : ce sera la tête de la méduse. Fermer cette sphère avec l'élastique bien serré, en prenant soin de laisser une bulle d'air à l'intérieur (c'est ce qui permettra à la méduse de remonter la tête la première quand on secouera la bouteille). Attention ! La tête ne doit pas être plus grosse que le goulot de la bouteille !

3 Découper des bandelettes de sac pour former les tentacules. Supprimer l'excédent de plastique.

4 Cacher l'élastique sous une bandelette de sac nouée.

5 Mettre la méduse dans la bouteille. Remplir la bouteille d'eau. Ajouter quelques gouttes d'encre pour colorer l'eau, puis visser le bouchon, et jouer à regarder la méduse monter et descendre à mesure que l'on agite la bouteille.

Bien remplir la bouteille à ras bord, sinon la méduse reste collée en haut.

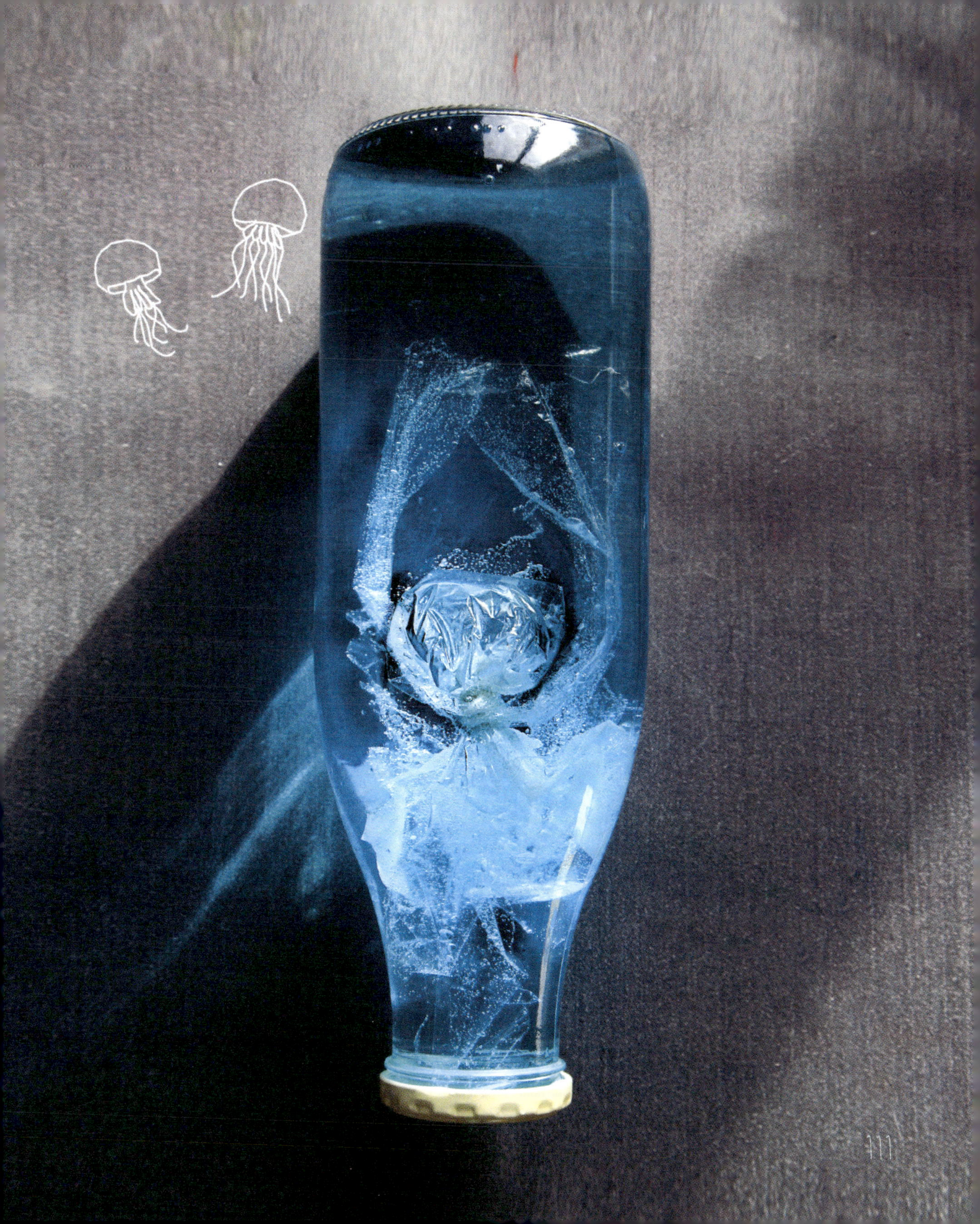

LA FLEUR MAGIQUE
QUI S'OUVRE SUR L'EAU

MATÉRIEL

UNE FEUILLE DE PAPIER
DES CISEAUX
UNE RÈGLE
UN CRAYON
UNE ASSIETTE D'EAU

Le pliage est une étape essentielle. S'il ne suit pas la consigne, la magie n'opère pas.

COMMENT FAIRE

1 Découper un disque dans la feuille de papier.

2 Tracer autant de rayons que l'on veut faire de pétales. (Une fois qu'on sait faire la fleur, on peut se passer de cette étape.)

3 Découper des arrondis en forme de pétales.

4 Pratiquer des fentes le long de chaque pétale en s'arrêtant pile au milieu de chaque rayon.

5 Replier le premier pétale de manière à aligner son bord droit sur le tracé du rayon qui le prolonge.

6 Procéder de même pour les autres pétales. Très important : glisser le dernier pétale sous le premier.

7 Déposer la fleur délicatement sur une assiette d'eau : elle va s'ouvrir instantanément.

La fleur est encore plus belle
quand on efface les rayons
et qu'on la décore de dessins.

On peut mettre un message secret
à l'intérieur et même l'envoyer
dans une enveloppe par la poste
comme une carte de vœux,
en expliquant au destinataire
qu'il doit la poser sur l'eau
pour voir le message apparaître.

On peut aussi
cacher une petite fleur
dans la grande.

LE TABLEAU AU CHEWING-GUM
QUI GONFLE PENDANT LA NUIT

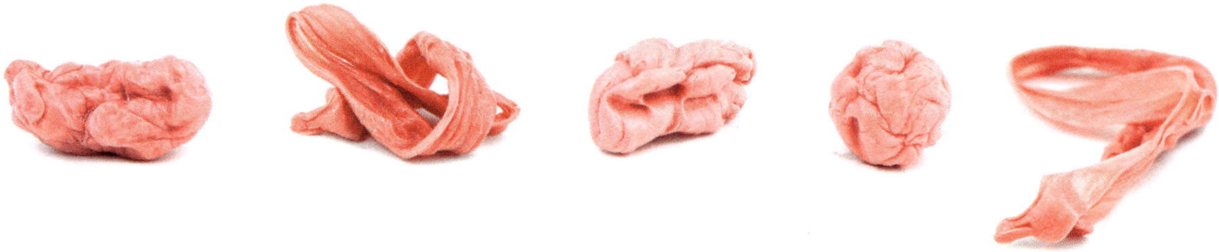

MATÉRIEL

UNE FEUILLE DE PAPIER ÉPAIS
DE QUOI DESSINER DESSUS
(SUR LA PHOTO, DES CRAIES GRASSES)
UN CHEWING-GUM ROSE
UN PETIT BALLON GONFLABLE ROSE
UN CUTTER
UN CADRE OU UN SUPPORT RIGIDE (FACULTATIF)

Une expérience à mi-chemin entre l'art et le tour de magie.

COMMENT FAIRE

1 Faire dessiner à l'enfant un portrait en pleine page.

2 Lui promettre un tour de magie en lui disant que, si on laisse au personnage un chewing-gum, il le mangera pendant la nuit. Laisser donc un chewing-gum à côté du dessin...

3 En l'absence de l'enfant, inciser au cutter le centre de la bouche du personnage de façon à former une petite croix.

4 Gonfler un petit ballon rose, le nouer, en passer l'embout dans le trou pratiqué dans le dessin. Éventuellement, encadrer le dessin ou le contrecoller sur un support. Et subtiliser le chewing-gum.

5 Faire croire à l'enfant (ébloui) que son personnage a soufflé une bulle, et garder la trace de ce miracle en accrochant le dessin au mur.

MAÏA

LES CRATÈRES DU PETIT CHIMISTE, EXPÉRIENCE AU BICARBONATE DE SODIUM

L'éruption est éphémère, mais, à hauteur d'une petite figurine, c'est un volcan !

MATÉRIEL

DU BICARBONATE DE SODIUM (EN PHARMACIE)
DU VINAIGRE BLANC
DES ENCRES
UNE PIPETTE (PAR EXEMPLE, CELLE D'UN SIROP)
UN PLAT
DES TOUT PETITS VERRES

COMMENT FAIRE

1 Préparer des petits verres de vinagre blanc teintés chacun d'une encre de couleur différente.

2 Étaler un peu de bicarbonate de sodium au fond d'un plat.

3 Lâcher à la pipette quelques gouttes de vinaigre coloré et observer la réaction chimique. On obtient de jolies petites auréoles de mousse colorée.

LE MANÈGE MAGIQUE

DES ALLUMETTES QUI SE REDRESSENT

Une astuce si ça ne tient pas : ajouter une goutte de miel sur le rouge !

Quand on y arrive avec quatre, on peut tenter avec six, huit...

Instant magique : toutes les jambes se soulèvent.

MATÉRIEL

DES ALLUMETTES
DU PAPIER D'ALUMINIUM

COMMENT FAIRE

1 Protéger la table avec du papier d'aluminium.

2 Raccourcir un peu une allumette en la brisant et la piquer droite dans une boulette de papier d'aluminium, le bout rouge dressé vers le haut.

3 Faire tenir quatre autres allumettes en forme de tipi autour de cet axe central, tous les bouts rouges étant réunis.

4 Allumer les bouts rouges : en brûlant, les allumettes vont se dresser jusqu'à ne plus toucher du tout la table.

LE JAUNE ET LE BLANC SÉPARÉS
À L'AIDE D'UNE BOUTEILLE

MATÉRIEL
DEUX ŒUFS
DEUX RÉCIPIENTS
UNE PETITE BOUTEILLE EN PLASTIQUE VIDE

1 Casser les œufs dans un récipient sans briser les jaunes.

2 Positionner la bouteille vide au-dessus d'un jaune.

3 Appuyer sur la bouteille pour chasser l'air et aspirer le jaune.

4 Le jaune remonte dans la bouteille, comme dans une seringue.

5 Incliner la bouteille pour récupérer seulement le jaune.

6 Le faire glisser dans l'autre récipient, et recommencer l'opération.

LES FLACONS FLUORESCENTS
REMPLIS DE POUSSIÈRE D'ÉTOILES

MATÉRIEL
DES STICKS LUMINEUX
DES FLACONS OU BOCAUX EN VERRE
DES CISEAUX

COMMENT FAIRE

1 Craquer un stick pour le rendre lumineux. (Attendre qu'il fasse nuit : l'effet fluo ne dure que quelques heures.)

2 Le secouer à l'intérieur d'un flacon pour le couvrir d'éclaboussures.

3 Mettre le flacon dans l'obscurité : les éclaboussures fluorescentes ressembleront à un firmament mis en bouteille.

LA TRÈS ÉTRANGE TEXTURE
SOLIDE QUAND ON LA BRUSQUE, LIQUIDE AU REPOS

MATÉRIEL
DE LA MAÏZENA®
DE L'EAU
UN SALADIER

COMMENT FAIRE

1 Mettre quelques cuillerées de Maïzena® dans le saladier.

2 Ajouter un peu d'eau, mélanger jusqu'à obtenir une texture homogène pas trop liquide.

3 La prendre à pleines mains : la sensation est difficile à décrire, mais très étrange ! Essayer par exemple de faire un petit rouleau en frottant ses deux mains sur un peu de pâte : dès qu'on ouvre les mains, le rouleau redevient liquide et s'écoule entre les doigts.

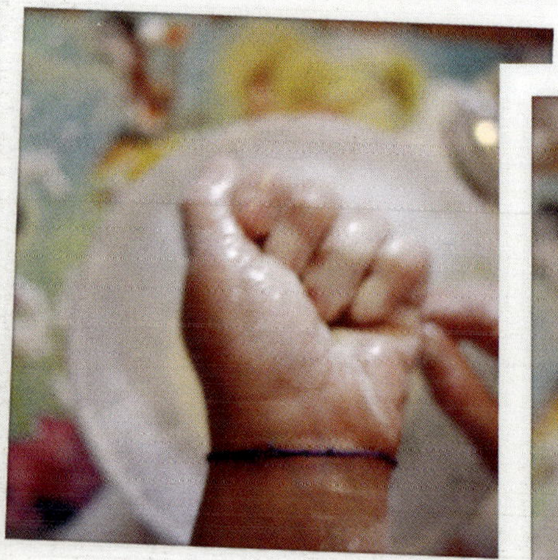
On serre fort.

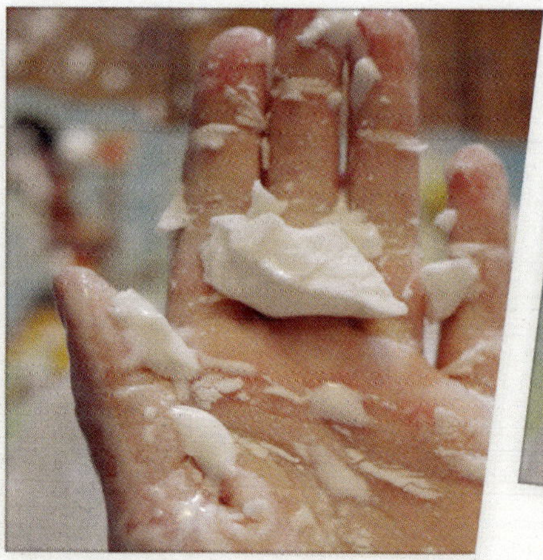
On ouvre : ça se tient.

Une demi-seconde après, ça coule !

Un doigt
qui caresserait
ces mains pleines de pâte
resterait sec !
On dirait que la texture
est liquide, mais sa surface
est très tendue
et quasi sèche.

L'ŒUF CAOUTCHOUTEUX
À LA COQUILLE DISSOUTE DANS LE VINAIGRE

COMMENT FAIRE

1 Mettre l'œuf dans un verre et le recouvrir de vinaigre. Le laisser sans y toucher jusqu'au lendemain.

2 Passé ce délai, la coquille aura été attaquée : elle partira en poudre, il suffira de passer l'œuf sous l'eau. Il sera curieusement caoutchouteux et translucide.

MATÉRIEL

UN ŒUF
DU VINAIGRE BLANC
UN VERRE

En premier, la couleur de la coquille part comme une fine peau.

L'œuf reste étonnamment liquide à l'intérieur et élastique à sa surface.

LA BOUGIE EN CLÉMENTINE
SANS MÈCHE, SANS CIRE ET QUI SENT BON

COMMENT FAIRE

1 Pratiquer une entaille sur tout le périmètre de la clémentine, au milieu, mais seulement sur l'épaisseur de la peau.

2 Retirer délicatement la pulpe sans abîmer les deux demi-coques de peau.

3 L'une des moitié contient une petite tige blanche : elle servira de mèche. Verser quelques gouttes d'huile d'olive de façon à imbiber la mèche et le fond de la peau.

4 Percer un trou central au milieu de l'autre moitié : il sera au-dessus de la flamme. On peut le faire rond ou en étoile.

5 Il ne reste plus qu'à allumer la mèche et à refermer la clémentine. On ajoutera de l'huile quand la flamme faiblira.

MATÉRIEL

UNE CLÉMENTINE
DE L'HUILE D'OLIVE
UN COUTEAU FIN
DES ALUMETTES

LE TOUR DE MAGIE DU VERRE
PLEIN D'EAU ET QUI TIENT À L'ENVERS

MATÉRIEL
UN VERRE
DE L'EAU
UN MORCEAU DE PAPIER

COMMENT FAIRE

1 Remplir le verre d'eau à ras bord, au-dessus de l'évier.

2 Poser le morceau de papier à plat sur l'eau.

3 Poser l'autre main à plat sur le papier puis retourner le verre d'un coup.

4 Retirer la main du dessous : le papier fait ventouse contre l'eau et l'empêche de couler.

L'EXPÉRIENCE DU CHOU
QUI PREND DES COULEURS

MATÉRIEL
UNE FEUILLE DE CHOU
DE L'ENCRE
DE L'EAU
UN VERRE

COMMENT FAIRE

1 Mettre la base de la feuille de chou dans un verre d'eau colorée à l'encre. Attendre.

2 La feuille va absorber le liquide et se colorer petit à petit. Le résultat sera encore plus net après quelques jours.

À l'origine,
ce n'est pas du chou
rouge, mais bien
du chou vert frisé !

Pour jouer

LE TRAMPOLINE MINUTE
À DESSINER SUR LA MAIN

MATÉRIEL

UN FEUTRE FIN
UNE MAIN

COMMENT FAIRE

1 Dessiner sur la paume de l'enfant un petit personnage en train de sauter sur un trampoline, juste à l'endroit du pli sous le petit doigt.

2 Jouer à le faire sauter rien qu'en repliant un peu les doigts.

De 3 à 10 ans, succès assuré dans la cour de récré !

LE PISTOLET MINUTE
AVEC UN ÉLASTIQUE

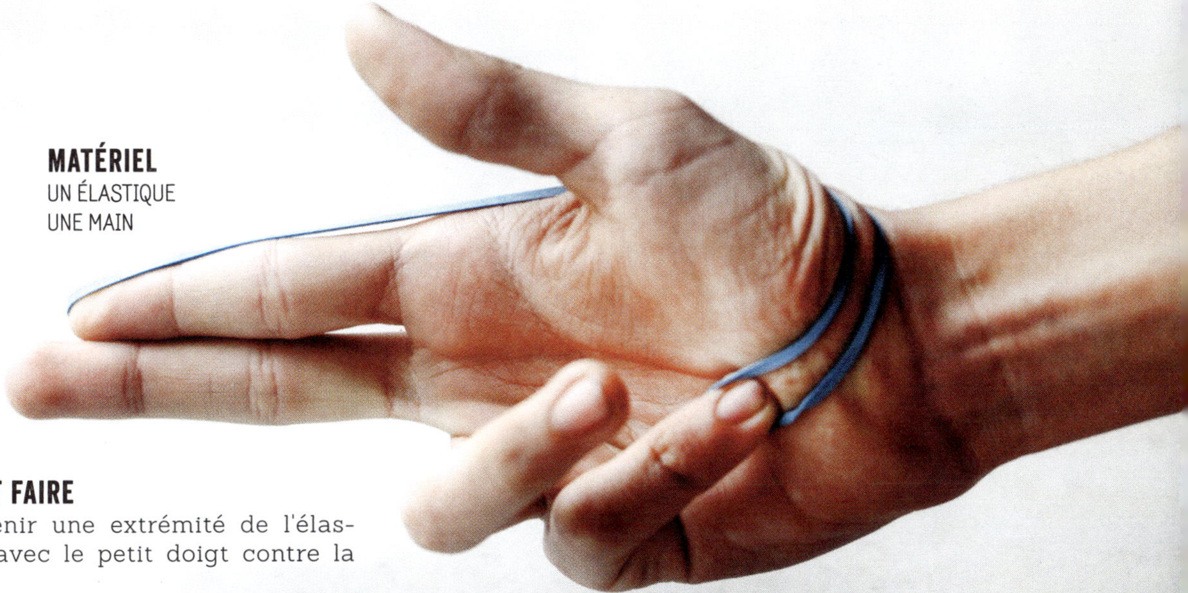

MATÉRIEL
UN ÉLASTIQUE
UNE MAIN

COMMENT FAIRE

1 Maintenir une extrémité de l'élastique avec le petit doigt contre la paume.

2 De l'autre main, accrocher l'autre extrémité de l'élastique au bout de l'index tendu.

3 Positionner tous ses doigts de façon à former un pistolet. Pour tirer, il suffit de relâcher le petit doigt, en visant. L'élastique atteindra l'autre bout de la pièce.

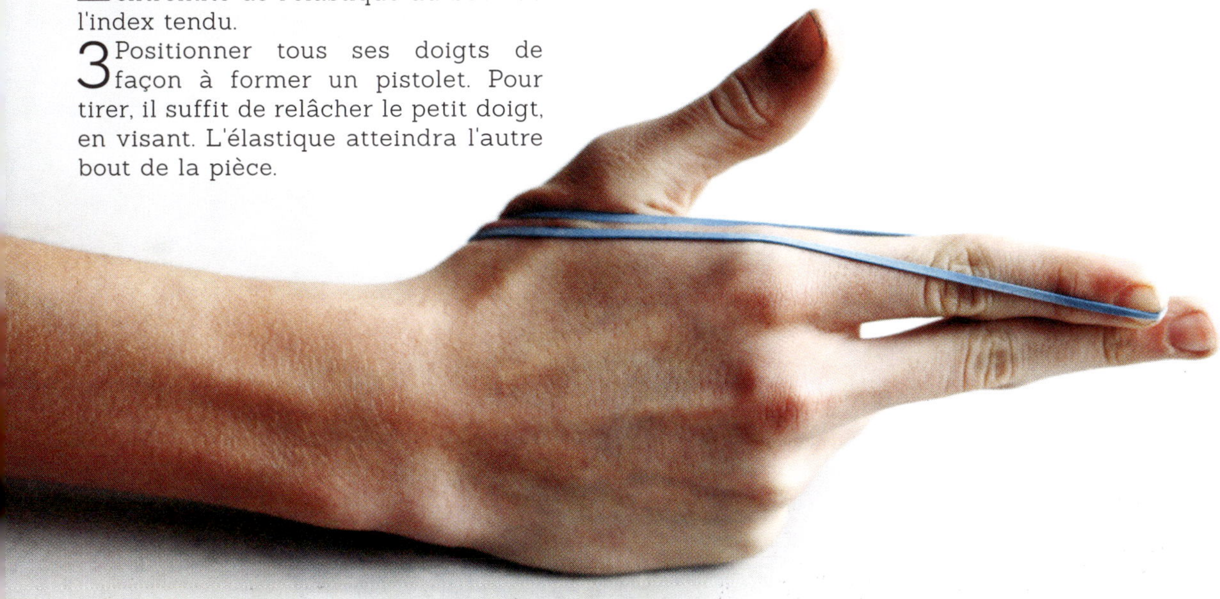

LES NINJAS ARTICULÉS
EN PAILLES ET EN CHENILLES

MATÉRIEL

DES CHENILLES (FILS DE FER POILUS)
DES PAILLES ARTICULÉES
DES PERLES DE TAILLES VARIÉES
DES COTONS-TIGES® DE COULEURS
DU CORRECTEUR BLANC
UN MARQUEUR NOIR FIN
DES CISEAUX

On utilise plutôt des chenilles vertes et on fait varier les couleurs des pailles.

COMMENT FAIRE

1 Assembler 3 chenilles par leur centre en les entortillant.

2 En faire passer deux dans la grosse perle qui servira de tête.

3 Couper deux pailles de façon à former les deux bras (avec la zone articulée à l'emplacement du coude). Les enfiler sur les deux chenilles correspondantes.

4 Enfiler les deux chenilles restantes dans deux perles de taille moyenne pour faire le corps.

5 Couper quatre segments de paille pour faire les jambes. Les enfiler, en alternance avec des perles (au niveau des genoux).

6 Recourber les extrémités des chenilles pour former les mains et les pieds.

7 Pour fixer la tête, entortiller une chenille autour de l'autre, afin de former un petit chignon, puis sectionner ce qui dépasse.

8 Dessiner un petit rectangle blanc sur la perle de la tête. Quand il est sec, dessiner les yeux et les sourcils par-dessus.

9 Pour faire les épées, sectionner l'une des extrémités de chaque Coton-Tige®. Les ninjas sont prêts à combattre !

LE BALLON-FUSÉE
À MESSAGES SECRETS

On glisse le message
dans le ballon.

Un dispositif idéal pour joindre deux
cabanes, y compris dans les arbres.

Pour répondre, il faut une autre ficelle
et un ballon en sens inverse.

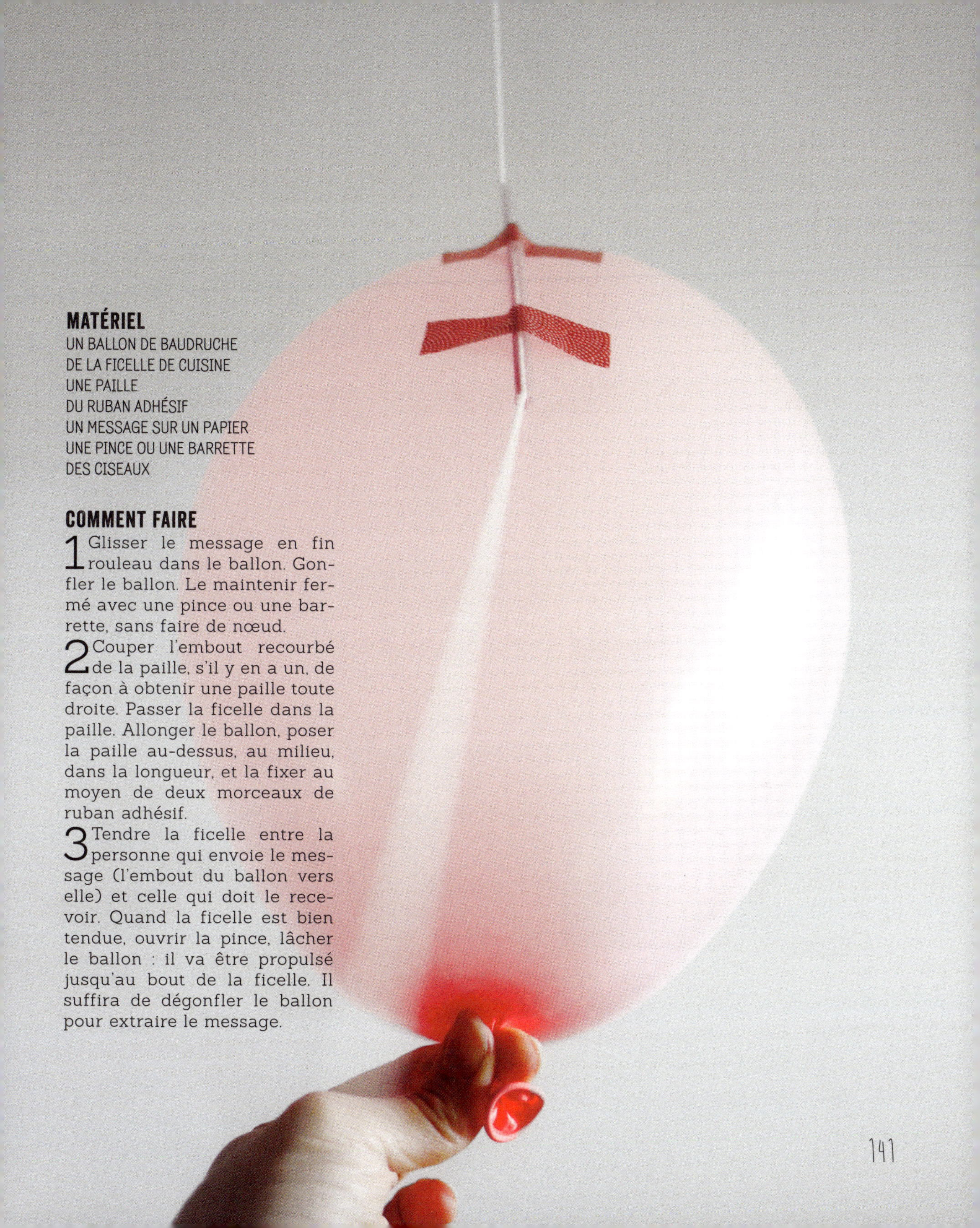

MATÉRIEL

UN BALLON DE BAUDRUCHE
DE LA FICELLE DE CUISINE
UNE PAILLE
DU RUBAN ADHÉSIF
UN MESSAGE SUR UN PAPIER
UNE PINCE OU UNE BARRETTE
DES CISEAUX

COMMENT FAIRE

1 Glisser le message en fin rouleau dans le ballon. Gonfler le ballon. Le maintenir fermé avec une pince ou une barrette, sans faire de nœud.

2 Couper l'embout recourbé de la paille, s'il y en a un, de façon à obtenir une paille toute droite. Passer la ficelle dans la paille. Allonger le ballon, poser la paille au-dessus, au milieu, dans la longueur, et la fixer au moyen de deux morceaux de ruban adhésif.

3 Tendre la ficelle entre la personne qui envoie le message (l'embout du ballon vers elle) et celle qui doit le recevoir. Quand la ficelle est bien tendue, ouvrir la pince, lâcher le ballon : il va être propulsé jusqu'au bout de la ficelle. Il suffira de dégonfler le ballon pour extraire le message.

LE CANOË DES POUPÉES
EN BOUTEILLES DE LAIT

MATÉRIEL
DEUX BOUTEILLES DE LAIT
UN CUTTER
DU RUBAN ADHÉSIF PLASTIFIÉ (RAYON ÉLECTRICITÉ)
DU RUBAN ADHÉSIF DÉCORATIF
UN MARQUEUR

COMMENT FAIRE

1 Asseoir une poupée sur une bouteille pour marquer l'emplacement du trou. Découper un trou sur trois côtés.

2 Relever la languette ainsi formée afin de constituer le dossier. Recouvrir ce dossier de ruban adhésif décoratif. Procéder de même avec l'autre bouteille.

3 Fixer les bouteilles ensemble à l'aide de ruban adhésif plastifié, à l'avant et à l'arrière du bateau. Éventuellement, écrire le nom du bateau au marqueur.

Une version trimaran avec deux petites bouteilles autour d'une grande.

Le petit plus qui change tout : les dossiers recouverts de ruban adhésif à motifs !

RICO

On fait la course ?

Les rigoles, c'est fait pour rigoler !

Avec un siège enfant en fil de fer
pour les petites passagères.

LES BALLES DE JONGLAGE
BIEN AGRÉABLES À TRIPOTER

Quand on remplit le ballon, il prend parfois des formes bizarres.

On peut aussi dessiner un visage au marqueur à pointe fine.

MATÉRIEL

DES PETITS BALLONS GONFLABLES
DE LA FARINE
DU RUBAN ADHÉSIF
UNE BOUTEILLE À LARGE GOULOT
UN CUTTER

COMMENT FAIRE

1 Couper la bouteille à l'aide du cutter afin d'en faire un entonnoir.

2 Enfiler un ballon sur le goulot de la bouteille.

3 Le remplir de farine en poussant, jusqu'à atteindre la taille désirée. C'est beaucoup plus facile si l'on a choisi une bouteille avec un goulot large, comme une bouteille de lait.

4 Retirer le ballon, le fermer avec un nœud et rentrer le nœud à l'intérieur (comme un nombril). Le maintenir en place avec un morceau de ruban adhésif.

5 Supprimer l'embout d'un ballon d'une autre couleur et l'enfiler pardessus, en cachant le nœud du premier. Répéter l'opération autant qu'on le souhaite, éventuellement en pratiquant des trous décoratifs dans les membranes supérieures.

LA MOMIE CONTORSIONNISTE

MATÉRIEL

DU FIL ÉLECTRIQUE
UNE PINCE COUPANTE
DU TISSU BLANC ET FIN
DES CISEAUX

COMMENT FAIRE

1 Façonner un petit bonhomme en fil électrique (ou en fil de fer).

2 Déchirer le tissu blanc en fines bandelettes en donnant un coup de ciseaux, puis en tirant des deux mains.

3 Envelopper le corps de bandelettes, en les nouant à l'extrémité.

4 Jouer à lui faire prendre toutes sortes de positions...

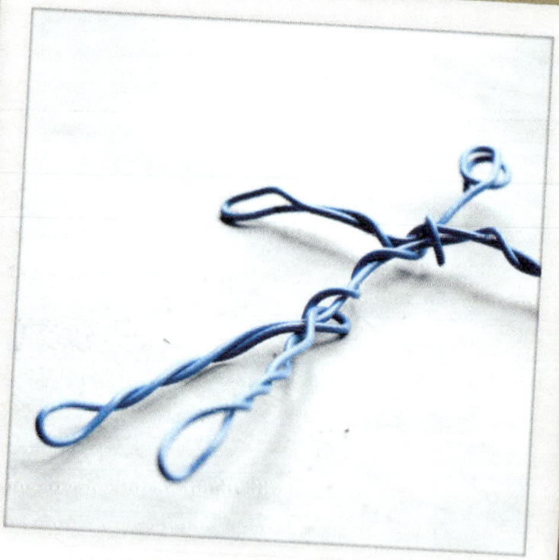

Un modèle de base très simple, les membres torsadés.

LE LAVE-LINGE QUI TOURNE VRAIMENT
EN ESSOREUSE À SALADE

MATÉRIEL

UN CARTON BLANC
UNE ESSOREUSE À SALADE
DEUX BOUCHONS DE BOUTEILLES
UNE BOÎTE D'ALLUMETTES VIDE
UNE PERLE
UN PETIT POMPON
DU RUBAN ADHÉSIF
UN CUTTER
DES MARQUEURS FINS
DU FIL DE FER ET UNE PINCE POUR LE COUPER
UNE VRILLE OU UNE PERCEUSE À MÈCHE FINE
DU RIZ DANS UN FLACON

L'essoreuse tient grâce à cette façon de pratiquer des entailles dans le carton.

COMMENT FAIRE

1 Tracer un cercle, sur le carton, autour de l'essoreuse à salade afin de marquer son emplacement.

2 Couper au cutter des rayons partant du centre de ce cercle. Enfiler l'essoreuse dans ce trou et la fixer, depuis l'intérieur, avec du ruban adhésif.

3 Percer le couvercle de l'essoreuse et le fixer au carton par des charnières en fil de fer, avec un petit loquet d'un côté.

4 Marquer l'emplacement du tiroir à lessive, couper au cutter trois côtés (pas celui du bas), ouvrir en poussant la languette ainsi obtenue et y fixer la boîte d'allumettes.

5 Fixer une perle sur le tiroir avec un bout de fil de fer.

6 Fixer de la même façon le pompon et marquer « ON/OFF ».

7 Percer au centre, en deux points rapprochés, les bouchons. Y passer un fil de fer, le fixer au carton et écarter les deux pans de fils de fer à l'intérieur du carton pour former une attache parisienne (qui permet au bouton de tourner).

8 Tracer des flèches sur les boutons. Inscrire les températures autour de l'un d'eux. Dessiner des symboles compréhensibles par un enfant autour de l'autre (par exemple : vêtement noir/vêtement blanc/vêtement coloré/gouttes d'eau pour le rinçage/tourbillon pour le séchage).

9 Mettre un peu de riz dans un petit flacon et le proposer en guise de lessive à mettre dans le tiroir.

En plus, on peut retirer le panier de linge pour l'emporter.

L'ARBRE-CABANE EN CARTON

Les pièces à découper, très faciles à assembler ensuite.

Le toboggan-tube, faute de pouvoir en mettre un dans la chambre des enfants.

MATÉRIEL

DU CARTON
UN CUTTER ET DES CISEAUX
UN CRAYON
DE LA COLLE
DE LA FICELLE
UN MORCEAU DE FILET (À POMMES DE TERRE)

COMMENT FAIRE

1 Découper trois troncs de 60 cm de haut et environ 15 cm de large. Découper deux disques de 40 cm de diamètre pour les étages, un de 45 cm pour le socle et un de 70 cm pour le toit. Les chutes de carton serviront à découper le palier (environ 25 cm de diamètre), les ornements du toit et les accessoires.

2 Découper des trous et une trappe dans les étages. Fendre le palier qui servira de balcon.

3 Pratiquer des fentes de 6 cm sur chaque tronc à un tiers de la hauteur puis aux deux tiers.

4 Marquer trois points équidistants sur la circonférence des disques des étages et pratiquer des fentes de 8 cm en direction du centre. Tester l'emboîtement des étages dans les troncs et ajuster la longueur des fentes au besoin.

5 Réaliser en carton l'échelle, l'escalier, le toboggan et le tube, ainsi qu'une échelle de ficelle. Assembler tous les éléments.

6 Découper des morceaux de carton faisant office de feuillage et les coller sur le toit. Poser le toit sur les troncs et y fixer le filet. Poser l'ensemble sur le socle ; au besoin, le coller. Et inviter des Playmobil® à venir l'habiter.

L'ARC MINIATURE
ET SES FLÈCHES PAS MÉCHANTES

MATÉRIEL
UN BÂTONNET À GLACE
UN ÉLASTIQUE
DES COTONS-TIGES®
DE L'EAU BOUILLANTE
UN VERRE ÉTROIT
UN CUTTER

COMMENT FAIRE
1 Attendrir le bois du bâtonnet en le laissant dans de l'eau bouillante pendant 10 minutes. (Mieux vaut prévoir de faire l'essai avec plusieurs bâtonnets, au cas où ça casse à l'étape 2.)

2 Le sortir de l'eau, le tordre délicatement jusqu'à pouvoir l'introduire dans un verre de façon à lui faire prendre la forme d'arc. Laisser sécher ainsi.

3 Une fois sec, il ne bougera plus. Pratiquer au cutter quatre petites entailles à 7 mm de chaque extrémité, qui retiendront l'élastique.

4 Passer un élastique d'un côté, le tordre sur lui-même de nombreuses fois puis l'accrocher de l'autre côté.

5 L'arc est prêt à tirer des Cotons-Tiges®! Pour faciliter le tir, on peut sectionner une extrémité du Coton-Tige® pour supprimer l'embout en coton (ce sera l'arrière de la flèche) et pratiquer une petite entaille dans le tube, laquelle viendra se caler sur l'élastique pour mieux y prendre appui.

Une fois que l'arc est courbe, on peut aussi le décorer au crayon feutre.

On peut tirer comme un arc ou comme une arbalète (horizontalement).

LE TIPI EN DRAP DE RÉCUP
FACILE À PLIER ET À RANGER

MATÉRIEL

UN DRAP D'UNE PLACE
UN COUPON (QUI NE SERA PAS VISIBLE)
DES NAPPERONS OU DES MORCEAUX DE DENTELLE
QUATRE TUBES EN PVC POUR PASSER LES FILS ÉLECTRIQUES DE 2 M DE LONG ET 2 CM DE DIAMÈTRE (MOINS DE 1 €)
DES CISEAUX DE COUTURE
DU FIL ET UNE MACHINE À COUDRE

Une variante réalisée avec des rideaux de récupération.

COMMENT FAIRE

1 Couper le drap selon le schéma de façon à obtenir trois grands triangles et deux petits (qui serviront à faire la face avant). Ce patron permet de ne pas avoir à faire d'ourlet, ni en bas ni le long des pans de la face avant.

2 Coudre les napperons ou les morceaux de dentelle au point zigzag assez serré à l'emplacement des fenêtres, puis découper le drap délicatement à cet endroit.

3 Coudre tous les triangles ensemble de façon à former un tipi.

4 En bas et en haut de chaque couture, ménager une petite poche qui servira à enfiler l'extrémité de chaque tube (pour le haut, on peut faire en guise de poche à embout une sorte de tipi miniature).

Le choix des napperons fait beaucoup pour le chic de l'ensemble !

LES SOUCOUPES GLISSANTES ET SIFFLANTES (MAIS PAS VOLANTES, SNIFF)

MATÉRIEL
UN CD USAGÉ
UN BALLON GONFLABLE
UN BOUCHON DE PRODUIT À VAISSELLE (QUI SE FERME QUAND ON APPUIE DESSUS)
DE LA COLLE FORTE

Le bouchon est un drôlement bon truc pour d'autres véhicules propulsés par un ballon (voiture en Lego®, bateau-barquette...)

COMMENT FAIRE

1 Coller le bouchon au centre du CD avec la colle forte. Attendre que ça sèche.

2 Enfiler l'embout du ballon sur le bouchon.

3 Vérifier que le bouchon est en position ouverte, puis gonfler le ballon en soufflant à travers le trou du CD. Appuyer sur le bouchon pour le refermer : le ballon reste donc gonflé.

4 Poser le CD sur un sol lisse, ouvrir le bouchon et lancer : avec l'air propulsé hors du ballon, la soucoupe va avancer en glissant et en émettant un petit bruit.

5 On peut jouer à plusieurs, avec chacun sa soucoupe, à tenter de la faire atteindre un objectif à travers un parcours tracé au sol à la craie ou avec du ruban adhésif de masquage (utilisé pour protéger des surfaces quand on peint : il s'enlève facilement et n'abîme rien).

LES MADELEINES MULTICOLORES
À PARTIR DE CHUTES DE CRAYONS GRAS

COMMENT FAIRE

1 Retirer les papiers autour des crayons. Briser les crayons en petits morceaux. Répartir ces morceaux dans les moules en silicone.

2 Les faire fondre au four à 150 °C pendant 5 minutes. S'ils n'ont pas fondu, prolonger la cuisson jusqu'à ce qu'ils soient liquides.

3 Sortir les moules du four. On peut dessiner avec une pointe sur la cire encore liquide pour mélanger les couleurs, mais elle durcit très vite. Dès que c'est refroidi, démouler et dessiner...

MATÉRIEL

DES CHUTES DE CRAYONS GRAS
(TYPE CRAYOLA®)
DES PETITS MOULES EN SILICONE

Une idée pour recycler toutes ces chutes de crayons qui encombrent les pots.

En fondant, les couleurs se mélangent en réservant de belles surprises.

Et on dessine de plusieurs couleurs à la fois...

LA STATION DE LAVAGE
AVEC ARROSAGE AUTOMATIQUE

MATÉRIEL

UNE BOÎTE DE RANGEMENT DE 5 LITRES
EN PLASTIQUE TRANSPARENT
DEUX GOUPILLONS À BIBERON
UNE LAVETTE CARRÉE EN ÉPONGE
UNE GRANDE BOUTEILLE VIDE
UN BALLON GONFLABLE
UNE PAILLE
UN PETIT MORCEAU DE PÂTE ADHÉSIVE MURALE
UNE BARRETTE DE CUISINE (POUR FERMER LES SACHETS)
UN CUTTER ET UN COUTEAU
DES CISEAUX
UNE VRILLE OU UNE PERCEUSE À MÈCHE FINE
DU RUBAN ADHÉSIF DÉCORATIF
DES PETITES VOITURES
DE L'EAU

Un tunnel et de la patouille : que demander de plus ?

COMMENT FAIRE

1 Ouvrir au cutter verticalement une entrée dans un petit côté de la boîte retournée et plier le rectangle ainsi délimité afin de constituer un auvent. Y percer deux trous.

2 Sur l'autre petit côté, découper une sortie en prélevant un rectangle.

3 Démonter les manches des goupillons et passer les tiges dans les trous de l'auvent.

4 Protéger et décorer toutes les arêtes avec du ruban adhésif.

5 Découper la lingette éponge en trapèze d'une largeur qui corresponde à celle de la boîte. À 2 cm de l'extrémité étroite du trapèze, pratiquer deux entailles latérales qui permettront de le fixer en rideau. Puis, découper des lamelles aux ciseaux sans aller jusqu'au bout.

6 Pratiquer une fente dans le toit de la boîte à l'endroit où sera accroché le rideau d'éponge. L'élargir au besoin en passant une lame de couteau préalablement chauffée. Glisser le rideau dans la fente pour le maintenir droit.

7 Percer la bouteille sur le côté, juste assez pour y passer la paille. Jointoyer le tour de la paille avec la pâte adhésive.

8 Remplir la bouteille d'eau. Gonfler le ballon. Enfiler son embout sur le goulot de la bouteille et aussitôt fermer cet embout avec la barrette de cuisine.

9 Placer la bouteille à côté de la station de lavage. Quand on retire la barrette, l'air contenu dans le ballon pousse l'eau vers la paille, qui arrose les petites voitures.

Même sans réaliser toute
la station, vous pouvez faire
uniquement le système de pompe
à eau avec la bouteille, le ballon
et la paille qui arrose.
C'est déjà une expérience de science
physique amusante en soi !

LE GENTIL BAZOOKA
POUR LANCER DES POMPONS

MATÉRIEL

UNE BOUTEILLE À LARGE GOULOT
UN BALLON GONFLABLE
UN ÉLASTIQUE
DES POMPONS
(MAGASIN DE LOISIRS CRÉATIFS
OU EXPLICATIONS P. 14)
UN CUTTER

COMMENT FAIRE

1 Découper la bouteille de façon à ne garder que le goulot et une petite collerette.

2 Faire un nœud au ballon (sans le gonfler).

3 Couper l'autre extrémité et l'enfiler sur le goulot.

4 Fixer un élastique pour maintenir le ballon sur le goulot.

5 Pour tirer, on pose un pompon sur le ballon, on tire fort le ballon vers soi en l'attrapant par le nœud et on lâche pour le propulser (devant soi ou en l'air).

Pour varier les tirs, on peut tenir l'embout dans l'autre sens.

On peut aussi lancer
des cotillons, des boulettes
de papier d'aluminium
ou des boules de coton.

Quand on est deux,
on joue à se lancer
les pompons dessus.
Quand on est tout(e) seul(e),
on peut tirer vers le plafond
et jouer à essayer
de rattraper dans le viseur
le pompon, quand il retombe.

LE BIDONVILLE VERSION VIE DOUCE (EN BIDON D'ADOUCISSANT)

MATÉRIEL

UN BIDON
UN CUTTER DE PRÉCISION
DES FEUTRES POSCA®

COMMENT FAIRE

1 Tailler la porte et les fenêtres au cutter dans le bidon.

2 Fendre horizontalement un coin du bidon pour y glisser la porte, qui se transforme en étage amovible et en balcon.

3 Dessiner des décorations au feutre.

LA CATAPULTE
EN BÂTONNETS À GLACE

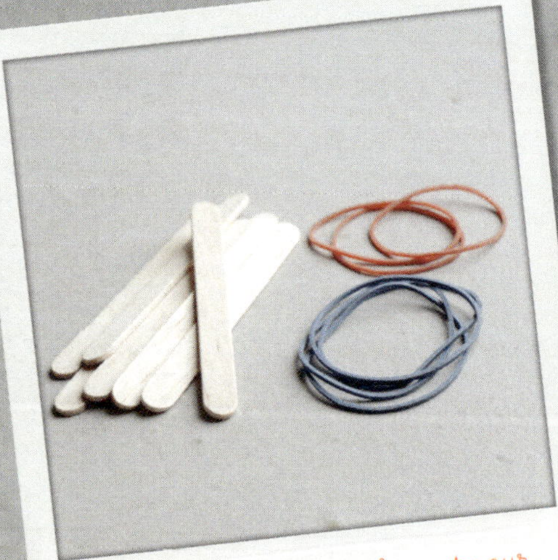

Quelques minutes seulement pour la fabriquer. Des heures de jeu ensuite.

MATÉRIEL

HUIT BÂTONNETS À GLACE
SIX ÉLASTIQUES
UNE PETITE CUILLÈRE EN PLASTIQUE
DES BONBONS COMME PROJECTILES

COMMENT FAIRE

1 Fixer ensemble quatre bâtonnets au moyen de deux élastiques proches de leurs extrémités (sur la photo, en orange).

2 Fixer ensemble quatre autres bâtonnets, cette fois uniquement à l'une des extrémités (en bleu, au premier plan).

3 Maintenir ce croisement fermement au moyen de deux élastiques.

4 Attacher la petite cuillère avec un élastique. Pour lancer un projectile, appuyer sur la cuillère tout en maintenant l'avant de la catapulte.

L'AVION EN PAPIER *supersolide* QUI SE TIRE À LA FOURCHETTE

COMMENT FAIRE

1 Marquer le pli central dans la longueur de la feuille et plier deux coins à angle droit.

2 Replier ces coins comme sur la photo.

3 Replier la pointe sur elle-même (le nez de l'avion).

4 Plier en deux l'ensemble de l'avion, de profil.

5 Marquer les ailes par des plis horizontaux.

6 Détordre un trombone tout en conservant un crochet.

7 Le fixer au ruban adhésif à la pointe, le long du pli.

8 Coller aussi les deux ailes et renforcer l'embout avec du ruban adhésif.

9 Passer l'élastique autour des dents centrales de la fouchette, tournée vers soi.

10 Repasser l'élastique, cette fois dans l'espace central entre les dents, et tenir la fourchette de l'autre côté. Pour viser, il faut l'incliner vers l'avant. On cale le crochet du trombone dans l'élastique, on vise et on tire.

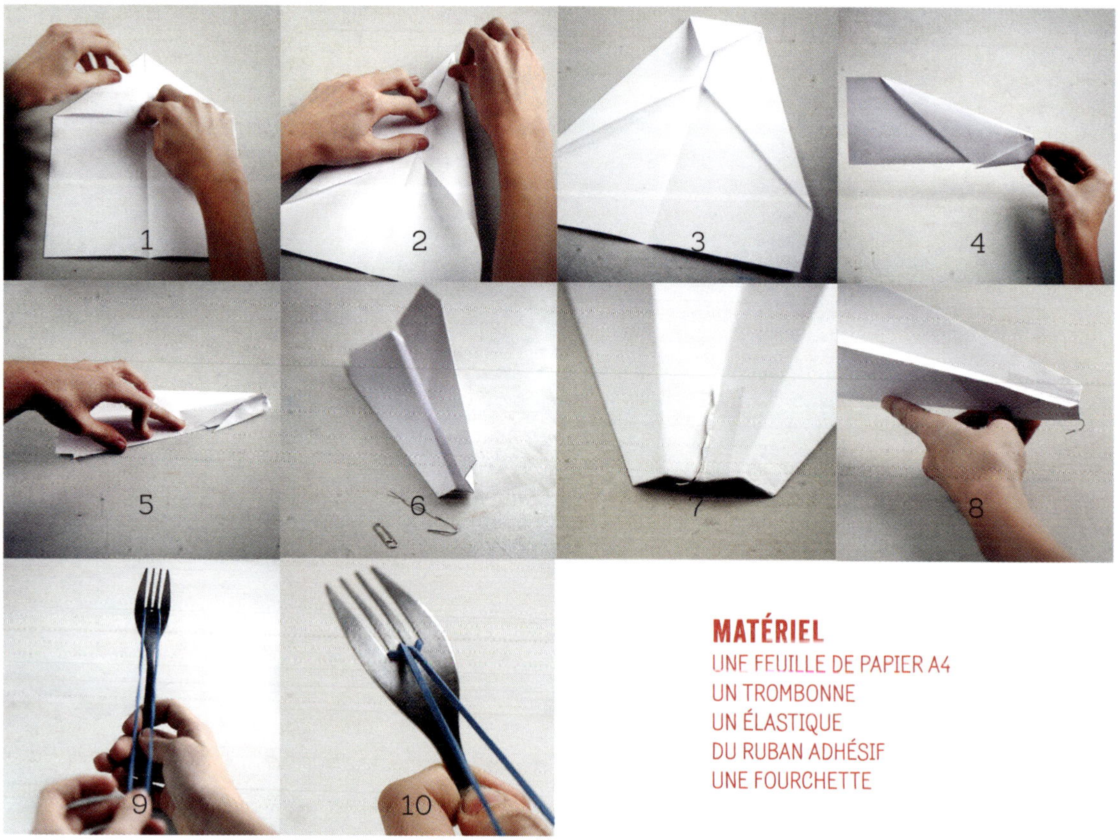

MATÉRIEL

UNE FEUILLE DE PAPIER A4
UN TROMBONNE
UN ÉLASTIQUE
DU RUBAN ADHÉSIF
UNE FOURCHETTE

Une autre façon d'y jouer : on retourne deux chaises, chacun planqué au sol derrière la sienne. On tend un élastique entre deux pieds et on s'en sert pour tirer, à la place de la fourchette. La chaise fait rempart et tour de lancement.

LA MAISON EN CARTON
PLIABLE EN UN CLIN D'ŒIL

MATÉRIEL
DES GRANDS CARTONS RIGIDES
DU RUBAN ADHÉSIF LARGE ET SOLIDE
DES CISEAUX ET UN CUTTER
DE LA COLLE À PAPIER PEINT ET UN PINCEAU
DES CHUTES DE PAPIER PEINT
UN PISTOLET À COLLE
DE LA FICELLE

Les tuiles donnent tout de suite une allure réaliste à la maison.

COMMENT FAIRE

1 Découper les murs, le sol et le toit selon la surface de carton disponible, en mettant de côté de quoi réaliser les tuiles et les portes.

2 Assembler les deux murs latéraux et le toit à l'aide du ruban adhésif.

3 Plier le mur du fond en deux parties égales (pour pouvoir plier la cabane ensuite) et le fixer aux murs latéraux.

4 Recouvrir les murs de papier peint en les collant.

5 Découper des tuiles dans du carton et en recouvrir le toit à l'aide du pistolet à colle.

6 Découper deux portes dans un carton. Chaque porte a pour largeur la moitié de la largeur de la cabane + 5 cm et pour hauteur celle d'un mur latéral - 3 cm. Les recouvrir de papier peint et découper des losanges.

7 Faire un pli à 5 cm pour former un rebord sur la longueur de chaque porte. Coudre ce rebord avec la ficelle à l'intérieur du mur latéral pour fixer la première porte 2 cm au-dessus du sol. Faire de même avec la seconde porte.

8 Découper une fenêtre dans l'un des murs latéraux, ajouter des décorations… et jouer.

On trouve des échantillons de papier peint dans les magasins de bricolage : il suffit d'aller les découper soi-même dans la limite autorisée.

Ceci est de la gélatine.

Merveilles comestibles

LES GLACES EN PLAYMOBIL®
QUI TIENNENT DEBOUT

MATÉRIEL
DES MOULES À GLACE
DES PLAYMOBIL®
DES BOISSONS
(JUS DE FRUIT, LAIT, SODAS, EAU ET SIROP…)

COMMENT FAIRE

1 Bien laver les Playmobil®, puis les disposer à l'envers dans les moules à glace, de façon à laisser leurs jambes dépasser (ils devraient se caler d'eux-mêmes).

2 Remplir les moules de boisson froide, puis les placer au congélateur.

3 Laisser prendre pendant au moins 4 heures, puis démouler, au besoin en passant les moules sous l'eau chaude. Déguster rapidement… sinon les enfants ne manqueront pas de remarquer que les Playmobil® font pipi !

Les radis souris
aux queues irrésistibles

MATÉRIEL

DES RADIS
DES GRAINES DE SÉSAME NOIR OU DE MOUTARDE
UN COUTEAU FIN

COMMENT FAIRE

1 Choisir les radis aux plus belles racines.

2 Supprimer les fanes et tailler l'extrémité de chaque radis en pointe.

3 Pratiquer de petites entailles à l'emplacement des oreilles.

4 Découper de fines rondelles dans un autre radis et les couper en deux pour obtenir des oreilles. Les fixer dans les entailles.

5 Enfoncer les graines faisant office d'yeux.

LA SPIRALE DE POMME
QUI ÉBLOUIT EN 3 MINUTES

MATÉRIEL
UNE POMME
UN COUTEAU
UN CURE-DENTS

COMMENT FAIRE

1 Couper la pomme de façon à obtenir une petite moitié sans trognon. Supprimer un tiers de ce morceau.

2 Détailler le morceau restant en tranches aussi fines que possible.

3 Maintenir ces lamelles en place à l'aide du cure-dents.

4 Décaler les lamelles de pomme autour de cet axe pour former un escalier en colimaçon.

Dans une pomme, on peut réaliser deux spirales.

Bien droit, l'axe, s'il vous plaît !

C'est là que l'éblouissement commence (à peu de frais).

LA FORÊT DE BOULETTES

AVEC DES SURPRISES À L'INTÉRIEUR

INGRÉDIENTS

DU FROMAGE FRAIS
DES TOMATES CERISES
DES GRAINS DE RAISIN
DES OLIVES
DES ÉPICES
DES FINES HERBES HACHÉES
DES GRAINES COMESTIBLES
(SÉSAME, PAVOT, LIN…)
DES BRINDILLES

COMMENT FAIRE

1 Envelopper les tomates cerises, les grains de raisin et les olives dans du fromage frais.

2 Rouler ces boulettes, au choix, dans des épices, des herbes hachées ou des graines.

3 Piquer des brindilles et servir cette forêt en apéro ou sur un buffet…

LA FAMILLE BABYBEL®
OU LES SCULPTURES QUI SE MANGENT

Babyfille

INGRÉDIENTS ET MATÉRIEL

DES MINIBABYBEL®
DES GRAINES DE SÉSAME NOIR
UNE PAILLE NOIRE
DES CISEAUX
UN CUTTER DE PRÉCISION

COMMENT FAIRE

1. Couper des petits tronçons de paille : ils serviront à faire le contour des yeux.
2. Découper la cire des fromages à l'aide du cutter.
3. Enfoncer les yeux en sésame et en rondelles de paille.

Babycox

Babycagoule

Babychic

Babypluie

Babyfou

Babyfish

Babybestiole

Babymoto

L'EXPÉRIENCE GRATUITE

SAUCISSES SPAGHETTIS

INGRÉDIENTS
DES SPAGHETTIS
DES SAUCISSES
UNE CASSEROLE D'EAU

COMMENT FAIRE

1 Transpercer les saucisses, entières ou en morceaux, avec les spaghettis crus.

2 Faire cuire l'ensemble dans de l'eau bouillante.

3 Égoutter et constater que les saucisses sont enfilées sur les spaghettis comme des perles sur un collier.

LES FAUX DOIGTS EN HOT DOGS

INGRÉDIENTS

DES SAUCISSES
DES PETITS PAINS
DU KETCHUP

COMMENT FAIRE

1. Couper les saucisses pour qu'elles soient de la taille du petit pain.
2. Retirer la peau à l'endroit de l'ongle et pratiquer des entailles au niveau de l'articulation.
3. Réchauffer au four les saucisses et le pain.
4. Faire couler un peu de ketchup en imitant du sang.

LES MOMIES EN SAUCISSES

INGRÉDIENTS

DES SAUCISSES
DE LA PÂTE BRISÉE
DES CLOUS DE GIROFLE

COMMENT FAIRE

1 Entailler chaque saucisse de façon à former deux jambes et deux bras.

2 Enrouler de fines bandes de pâte tout autour et piquer les clous de girofle à l'emplacement des yeux.

3 Faire cuire au four à 180 °C pendant 12 minutes. À la cuisson, les membres vont s'écarter un peu.

LE VOISIN DE TOTORO
EN LITCHI

MATÉRIEL

DEUX LITCHIS
DEUX CLOUS DE GIROFLE
SIX BRINS DE ROMARIN SÉCHÉ
UN CURE-DENTS
UN CUTTER DE PRÉCISION
UN CORRECTEUR BLANC
UN FEUTRE NOIR

COMMENT FAIRE

1 Découper au cutter de précision le cercle dans l'écorce du premier litchi qui formera le ventre.

2 Piquer les deux clous de girofle à l'emplacement des yeux. Dessiner un petit rond blanc sur chacun à l'aide du correcteur, puis un point noir avec le feutre, ainsi que le nez.

3 Découper deux petites pointes derrière les yeux et les redresser pour former les oreilles.

4 Pratiquer deux trous latéraux à l'aide du cure-dents. Y piquer les brins de romarin pour faire les moustaches.

5 Couper l'autre litchi en deux de façon à récupérer la moitié de la coque. La retourner délicatement : ce sera le parapluie, et il est plus beau du côté rosé et lisse. Piquer le cure-dents dedans et glisser ce manche de parapluie dans le trou de l'une des oreilles.

となりのトトロ

LE GÂTEAU AVALANCHE
QUI DÉFIE LES LOIS DE LA GRAVITÉ

MATÉRIEL

UN GÂTEAU
DU FIL ÉLECTRIQUE (OU DU FIL DE FER)
UNE PINCE POUR LE COUPER
DES M&M'S OU D'AUTRES FRIANDISES
(BOULES AU CHOCOLAT, POPCORN...)
DU SUCRE EN POUDRE
UNE CASSEROLE
UN MOUCHOIR EN PAPIER

COMMENT FAIRE

1 Traverser le gâteau avec un morceau de fil électrique et l'entortiller en-dessous pour former une base solide. Il doit dépasser du gâteau de façon à pouvoir s'enfiler dans le sachet et à former une cascade.

2 Faire un caramel à sec en laissant le sucre fondre et brunir dans une casserole.

3 Tremper les M&M's un par un dans le caramel et les assembler autour de l'axe en fil électrique, en commençant par la base.

4 Remplir le sachet vide avec un mouchoir en papier pour lui donner du volume et l'enfiler sur la partie restée nue du fil électrique.

La tige, qui donne la forme de la chute de bonbons.

Le socle entortillé, invisible sous le gâteau.

Si l'on est très scrupuleux, on peut couper en deux les bonbons, former une entaille, puis les recoller autour de la tige.

m&m's
X5
PACK

LES CROISSANTS AU CHOCOLAT
ROULÉS EN CINQ MINUTES

INGRÉDIENTS
UN ROULEAU DE PÂTE FEUILLETÉE
DE LA PÂTE À TARTINER AU CHOCOLAT

COMMENT FAIRE

1 Dérouler la pâte feuilletée et la découper en huit parts égales.

2 Mettre de la pâte à tartiner sur chaque triangle.

3 Les rouler jusqu'à la pointe puis les étirer un peu pour leur donner une forme de croissant.

4 Les faire cuire au four à 180 °C pendant environ 15 minutes en surveillant la cuisson.

LE GÂTEAU CHÂTEAU FORT
TOUT CHOCOLAT

INGRÉDIENTS

TROIS BROWNIES DE 20 × 20 CM ENVIRON
48 BISCUITS RONDS DOUBLES ET FONCÉS
CINQ MIKADO®
UNE DEMI-PLAQUE DE CHOCOLAT
DES BONBONS
DES CURE-DENTS

COMMENT FAIRE

1 Couper deux brownies en deux pour former les quatre murs. Découper dans le troisième des qudrilatères qui formeront les créneaux. Les fixer sur les murs à l'aide de cure-dents.

2 Découper dans l'un des murs la forme de la porte puis y piquer trois Mikado® pour former la herse.

3 Dresser les quatre murs ainsi que les tours de biscuits ronds aux quatre coins. Poser la plaque de chocolat en guise de pont-levis ainsi que deux Mikado® comme montants. Remplir le château de bonbons.

LA CAGE EN MELON
ET SON OISEAU POIRE-FENOUIL

COMMENT FAIRE

1 Piquer deux clous de girofle dans la poire pour faire les yeux.

2 Détacher délicatement les pétioles du fenouil, qui sont de plus en plus petits, jusqu'à en trouver un qui soit de la taille de la poire. Tailler les tiges au besoin. L'ajuster sur la poire.

3 Couper un peu la base du melon afin qu'il tienne debout, puis le couper en deux pour former une base et un toit. Vider les graines et la pulpe du toit (pour l'alléger), à l'exception d'une couronne qui servira à piquer les barreaux.

4 Planter les piques dans la base. Recouvrir le trou occupé par les graines avec une soucoupe. Y caler l'oiseau. Ajuster le toit en l'enfonçant sur les piques.

5 Creuser le cœur du fenouil pour former un petit récipient creux. Y mettre des graines et le déposer dans la cage.

MATÉRIEL

UN MELON OU UNE PASTÈQUE
UNE PETITE POIRE
UN BULBE DE FENOUIL
DES LONGUES PIQUES EN BOIS
DES CLOUS DE GIROFLE
DES GRAINES
UN COUTEAU
UNE CUILLÈRE
UNE PETITE SOUCOUPE

Le plus difficile, c'est de se résoudre à manger cage et oiseau...

LE GÂTEAU ORIGAMI
CUIT DANS UN PLIAGE DE PAPIER SULFURISÉ

MATÉRIEL

UNE PÂTE À GÂTEAU AU CHOIX
UN CARRÉ DE PAPIER SULFURISÉ

COMMENT FAIRE

1 Marquer les plis des diagonales, d'un côté, et des médianes, de l'autre côté, de façon à plier ensuite la feuille pour obtenir un carré comme sur le schéma 1.

2 Rabattre deux triangles vers le centre comme sur le schéma 2.

3 Ouvrir et écraser ces triangles (schéma 3), retourner l'ensemble et procéder de même avec l'autre côté.

4 Replier les quatre losanges vers l'extérieur suivant l'axe vertical (schéma 4).

5 Marquer le pli indiqué au schéma 5 : ce sera le fond du moule.

6 Replier la pointe du bas vers le haut en suivant la ligne du schéma 6.

7 Replier cette couche supérieure de la forme comme on tournerait la page d'un livre : on revient à une forme comme à l'étape 6, dont on replie la pointe vers le haut, et ainsi de suite, quatre fois.

8 Appuyer sur le fond pour ouvrir le pliage : on obtient la boîte. Il ne reste plus qu'à y verser la pâte et à faire cuire le gâteau au four. Pour le démouler, il suffira de tirer sur les quatre pointes.

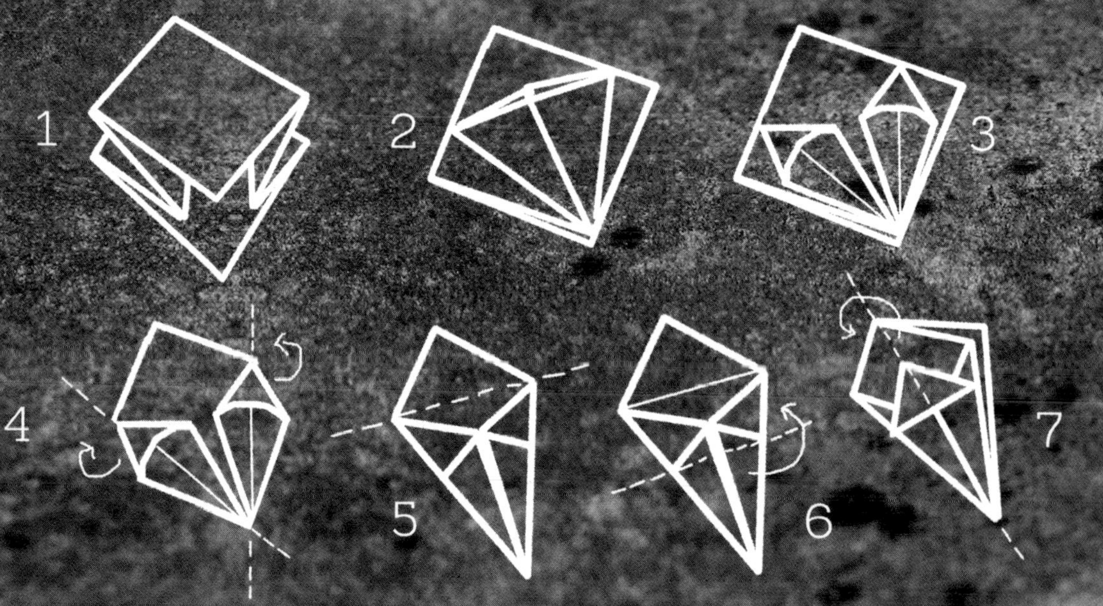

LE GÂTEAU CIBLE

POUR JOUER À ENVOYER DES SMARTIES®

Le glaçage au Saint Moret® est très facile à réaliser et colle juste comme il faut.

INGRÉDIENTS

UN GÂTEAU ROND
DU FROMAGE FRAIS (TYPE SAINT MORET®)
DU SUCRE GLACE
DU JUS DE CITRON
DES SMARTIES®
UN STYLO ALIMENTAIRE
UN ROULEAU DE RÉGLISSE
DES SCOUBIDOUS COMESTIBLES

COMMENT FAIRE

1 Battre le fromage frais et y ajouter du sucre glace et un peu de jus de citron pour qu'il soit à votre goût. En recouvrir le gâteau refroidi, à l'aide d'une spatule. (À préparer le jour même pour que le glaçage reste bien frais et un peu collant.)

2 Dérouler le rouleau de réglisse et le disposer autour du glaçage. Disposer les scoubidous en cercles comme sur une cible.

3 Écrire à l'aide du stylo alimentaire des chiffres correspondant aux points rapportés par chaque zone de la cible.

4 Trier les Smarties® par couleur et les distribuer aux enfants. Au top départ (ou chacun son tour), les enfants envoient les Smarties® qui leur ont été attribués, en essayant de viser le centre.

5
3
2
1

LE NOUNOURS EN PANCAKE

OU COMMENT DESSINER DANS UNE POÊLE

INGRÉDIENTS

3 ŒUFS
200 G DE FARINE DE BLÉ
25 CL DE LAIT
2 C.UILERÉES À SOUPE DE SUCRE EN POUDRE
1/2 SACHET DE LEVURE
DU CHOCOLAT EN POUDRE

COMMENT FAIRE

1 Séparer les blancs des jaunes d'œufs et les battre en neige.

2 Mélanger les jaunes, le sucre, la farine et la levure dans un autre récipient. Incorporer le lait petit à petit, puis les blancs en neige.

3 Prélever un peu de ce mélange dans un bol et le teinter avec du chocolat en poudre.

4 Dessiner sur la poêle le museau, en pâte claire, à l'aide d'une pipette (comme celle qui est fournie avec les sirops médicaux pour enfants).

5 Recouvrir le museau avec la pâte au chocolat en formant un petit ovale, puis dessiner le contour de la tête, les oreilles, les yeux et les sourcils, toujours à la pipette.

6 Recouvrir ces dessins avec la pâte de couleur claire, à l'aide d'une petite cuillère.

7 Retourner la pancake dès que la pâte fait des bulles et faire cuire pendant quelques instants de l'autre côté. Servir avec du beurre et du miel ou du sirop d'érable.

L'astuce consiste à utiliser une pipette à sirop pour effectuer les tracés fins.

On recouvre tout de pâte blanche, et hop ! quand on retourne, c'est magnifique.

LE GÂTEAU PIÑATA

AVEC DES BONBONS CACHÉS DEDANS

FIESTA

MATÉRIEL

- UNE PRÉPARATION POUR GÂTEAU (PAR EXEMPLE, UN GÂTEAU AU YAOURT VOIR PAGES SUIVANTES)
- UN MOULE SEMI-SPHÉRIQUE (PAR EXEMPLE UN SALADIER EN MÉTAL)
- DU GLAÇAGE (VOIR PAGES SUIVANTES)
- DES BONBONS
- DES DÉCORATIONS
- UN PAMPLEMOUSSE
- TROIS CURE-DENTS
- DU PAPIER D'ALUMINIUM

La piñata avant l'épreuve du couteau. Surprise !

COMMENT FAIRE

1 Protéger le saladier avec du papier d'aluminium pour faciliter le démoulage. Envelopper également le pamplemousse dans l'aluminium. Piquer les trois cure-dents dedans pour former un trépied et faire tenir le pamplemousse dans le moule.

2 Verser la pâte dans le moule ainsi préparé et faire cuire le gâteau.

3 Quand il est cuit et refroidi, le démouler et retirer le pamplemousse. Garnir la cavité de bonbons et le présenter retourné.

4 Recouvrir de glaçage et de décorations, par exemple des bonbons coupés en rondelles.

Le spoutnik pamplemousse
paré pour l'immersion.

La pâte va gonfler
autour de la boule.

Et voilà ! Il ne reste plus qu'à retirer
le pamplemousse pour avoir un trou.

Le gâteau démoulé avec des bonbons
cachés dessous. Reste le glaçage.

LE GÂTEAU PIÑATA

SUITE

LE GATEAU AU YAOURT

INGRÉDIENTS

UN POT DE YAOURT
UN DEMI-POT D'HUILE
DEUX POTS DE SUCRE
TROIS POTS DE FARINE
DEUX ŒUFS
UN DEMI-SACHET DE LEVURE CHIMIQUE
QUELQUE CHOSE POUR PARFUMER AU CHOIX :
ZESTES DE CITRON, PÉPITES DE CHOCOLAT...

LE GLACAGE BLANC

INGRÉDIENTS

125 G DE FROMAGE FRAIS À TARTINER NATURE
LE JUS DE UN DEMI-CITRON
50 G DE SUCRE GLACE

ET UNE PIÑATA, C'EST QUOI ?

C'est une tradition mexicaine : une grande figurine creuse, réalisée dans un matériau cassable (papier mâché, argile) que les enfants jouent à briser les yeux fermés, lors d'une fête, afin de libérer des petits jouets qui sont cachés à l'intérieur.

LE GÂTEAU VOLCAN
EN ÉRUPTION DE COCA-COLA®

INGRÉDIENTS
500 G DE CRÈME DE MARRONS (UNE BOÎTE)
100 G DE BEURRE
200 G DE CHOCOLAT
2 ŒUFS
2 CUILLERÉES À SOUPE DE FARINE
DU CACAO EN POUDRE
1 PETITE BOUTEILLE DE COCA-COLA®
5 MENTOS®

MATÉRIEL
UNE ASSIETTE EN CARTON
DU RUBAN ADHÉSIF
UN STYLO
UN CUTTER
DES GROS GALETS
UN PLATEAU
UNE FEUILLE DE PAPIER
UNE CARTE (TYPE CARTE BANCAIRE)

Veillez à utiliser une petite bouteille et non une grande, sinon le geyser sera géant !

COMMENT FAIRE
1 Mettre le beurre et le chocolat dans un grand saladier en verre et les faire fondre au four à micro-ondes.

2 Y ajouter la crème de marrons, bien mélanger, puis incorporer les œufs et la farine. Verser dans un moule antiadhésif quelconque.

3 Faire cuire au four préchauffé à 180 °C pendant 25 minutes. Vérifier la cuisson : il ne doit plus être liquide au fond, mais sans croûte.

4 Pendant ce temps, tracer sur l'assiette un cercle du diamètre de la bouteille et l'entailler au cutter comme sur la photo, afin de pouvoir glisser la bouteille dans le trou. Fixer ces pointes de carton au moyen de ruban adhésif.

5 Caler cette bouteille sur un lit de gros galets disposés sur un plateau. Ce dispositif réduit la hauteur du volcan à modeler et permet à la lave de s'écouler dans le plateau sans détremper le gâteau.

6 Quand le gâteau est refroidi, il a la particularité de pouvoir être modelé. L'utiliser donc pour former une montagne autour de la bouteille. Décorer en soupoudrant de cacao.

7 Fabriquer un petit rouleau de papier de la taille du goulot, fermé au ruban adhésif.

8 Quand tout le monde est prêt pour l'éruption, ouvrir la bouteille, poser la carte dessus, puis le tube vertical et glisser les Mentos® dedans. Retirer rapidement la carte : les bonbons tombent dans le Coca® et le font exploser. Toutefois, avec ces quantités, rassurez-vous, le jet n'atteindra pas le plafond.

LES ROUDOUDOUS
DANS DES COQUILLAGES

COMMENT FAIRE

1 Réduire les bonbons en miettes sans mélanger les couleurs. On peut taper dessus avec un pilon. Sans retirer l'emballage, afin d'éviter que les éclats soient projetés tout autour.

2 Répartir généreusement les éclats dans les différents coquillages, en panachant les couleurs. Les bonbons durs deviendront les plus liquides. Certains bonbons gélifiés garderont leur forme.

3 Les faire fondre au four à 150 °C pendant 5 minutes (prolonger la cuisson, au besoin). Les laisser refroidir avant de les lécher.

Le plaisir vient de la surprise : on ne sait pas comment les couleurs vont se mélanger.

MATÉRIEL

DES COQUILLAGES
DES BONBONS COLORÉS
(PLUTÔT DURS ET TRANSLUCIDES)
UN PILON OU UN MARTEAU
UN FOUR

LE GÂTEAU FEU DE CAMP
AUX BRAISES DE MARSHMALLOWS

INGRÉDIENTS ET MATÉRIEL
UN GÂTEAU
DES MARSHMALLOWS
DES GRESSINS OU DES CIGARETTES RUSSES
DU SUCRE EN POUDRE
DU PAPIER SULFURISÉ
DES GALETS

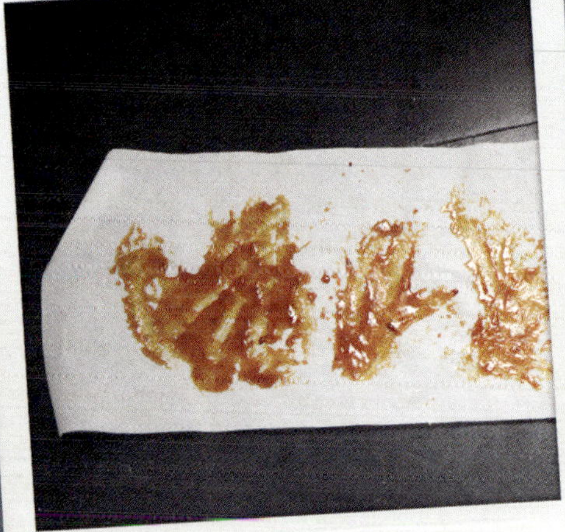

Le caramel. À la place, on peut faire fondre des bonbons au four.

COMMENT FAIRE

1 Mettre du sucre en poudre dans une poêle pour réaliser un caramel à sec. Laisser cuire sur feu modéré sans y toucher jusqu'à ce que le sucre fonde et brunisse.

2 Quand le caramel est liquide, l'étaler sur du papier sulfurisé à l'aide d'une spatule souple en veillant à laisser des bords irréguliers. Laisser durcir.

3 Faire griller les marshmallows à l'aide d'une fourchette ou d'une pique à brochette, sur la flamme d'un feu, d'une bougie ou d'une plaque de gaz.

4 Disposer les gressins ou les cigarettes russes sur le gâteau de façon à former un tas de bois. Ajouter les marshmallows en guise de charbon.

5 Briser des morceaux de plaque de caramel et les dresser comme des flammes sur le gâteau.

6 Disposer des galets tout autour du gâteau pour donner une allure de feu.

LE CHÂTEAU DE SABLE EN GLACE

MATÉRIEL

2 LITRES DE GLACE DE COULEUR SABLE (VANILLE, NOUGAT, SPÉCULOOS...)
2 POIGNÉES DE NOIX DE COCO DÉSHYDRATÉE
10 BISCUITS SECS
DU CHOCOLAT BLANC
UN MOULE EN FORME DE CHÂTEAU OU DE VRAIS MOULES À PÂTÉS DE SABLE
UN MOULE À MINIMADELEINES
UN CONGÉLATEUR

COMMENT FAIRE

1 Garnir le moule de glace juste un peu ramollie, en appuyant bien au fond. La laisser prendre forme au congélateur pendant plusieurs heures.

2 Faire fondre le chocolat blanc et le verser dans les moules à minimadeleines. Laisser prendre au frais.

3 Griller la noix de coco à sec dans une poêle jusqu'à ce qu'elle atteigne la teinte souhaitée.

4 Réduire les biscuits en miettes et mélanger celles-ci à la noix de coco.

5 Démouler la glace et la recouvrir de faux sable. Décorer avec les coquillages en chocolat blanc. On peut tout remettre au congélateur en attendant le service : ça ne bougera plus.

Astuce : comme les deux litres de glace ne suffisaient pas pour le moule, on a comblé en ajoutant dedans des marshmallows.

La texture du sable est rendue par un mélange de coco et de miettes de biscuits.

LA NUÉE DE PAPILLONS

COMESTIBLES POUR DÉCORER UN GÂTEAU

On trouve ce type de perforatrice dans les magasins de loisirs créatifs.

MATÉRIEL

UNE PERFORATRICE EN FORME DE PAPILLON
UNE FEUILLE DE BRICK
DU SUCRE GLACE
DES CURE-DENTS

COMMENT FAIRE

1 Découper des papillons dans la feuille de brick à l'aide de la perforatrice.

2 Déposer les papillons sur une plaque en silicone ou une feuille de papier sulfurisé. Saupoudrer du sucre glace. Les faire cuire au four à 180 °C pendant 5 minutes.

3 Décorer le gâteau : pratiquer de petites entailles au couteau et y glisser des papillons. En accrocher d'autres sur des cure-dents. Poser les derniers en équilibre sur les premiers. (Attention, ils sont très fragiles !)

LE GÂTEAU MANÈGE
AUX NOISETTES ET SUCETTES

INGRÉDIENTS & MATÉRIEL

DEUX GÂTEAUX AUX NOISETTES
(DANS LEUR EMBALLAGE)
DES BONBONS
HUIT PETITES SUCETTES
(COMME LES MINI-CHUPA CHUPS®)
UNE BOUTEILLE EN PLASTIQUE VIDE
DU FILM ALIMENTAIRE
DES PETITS ANIMAUX JOUETS

COMMENT FAIRE

1 Couper la bouteille de façon à ne conserver que la partie supérieure, qui servira d'axe central au manège.

2 Sortir les gâteaux de leurs emballages. En percer un avec la bouteille coupée et mettre de côté le petit disque central obtenu avec cet emporte-pièce.

3 Remplir la bouteille de bonbons et la maintenir fermée à l'aide de film alimentaire. La caler debout dans le trou du gâteau inférieur.

4 Retourner l'un des moules en carton et percer huit petits trous sur le pourtour, de façon à pouvoir y enfiler les bâtons des sucettes. Percer également le centre, en pratiquant deux fentes en croix à l'aide d'un couteau pointu, de la taille du bouchon de la bouteille.

5 Caler le moule retourné sur la bouteille, puis y déposer le second gâteau. Piquer les sucettes à l'envers dans les trous du carton.

6 Décorer le toit avec le disque de gâteau réservé et des bonbons. Planter des petits animaux dans le gâteau du socle.

C'est une demi-bouteille remplie de bonbons qui sert de support à l'étage.

Joyeux anniversaire !

LA CABANE MODULABLE
EN RIZ AU LAIT DE COCO

L'utilisation du film alimentaire facilite grandement le démoulage.

COMMENT FAIRE

1 Verser le riz dans la casserole ainsi que le contenu de la boîte de lait de coco. Utiliser la boîte pour ajouter un volume de lait et deux volumes d'eau. Ajouter le sucre et les épices.

2 Laisser cuire à feu doux en s'assurant que le riz n'attache pas au fond. Au besoin, ajouter de l'eau. Attention, il s'agit d'un riz au lait très compact !

3 Le verser dans le saladier profond recouvert de film alimentaire. Plonger au milieu le bol recouvert également de film, afin de ménager un creux. Laisser refroidir.

4 Quand le riz est froid, le démouler, creuser la porte et utiliser la matière ainsi récupérée pour modeler la cheminée et le petit banc. On peut aussi cacher des morceaux de fruits à l'intérieur.

INGRÉDIENTS

500 G DE RIZ ROND OU ARBORIO
25 CL DE LAIT DE COCO (UNE BOÎTE)
25 CL DE LAIT
50 CL D'EAU
100 G DE SUCRE EN POUDRE
3 CAPSULES DE CARDAMOME
DE LA CANNELLE

MATÉRIEL

UNE CASSEROLE
UN SALADIER PROFOND
UN BOL
DU FILM ALIMENTAIRE

Une autre version en grotte, avec douves, tour de guet et cachettes secrètes.

Un riz au lait beaucoup plus compact que dans la recette classique, ce qui permet d'en moduler la forme à volonté. Le plaisir des enfants est de le manger tous ensemble dans le même plat, pour creuser à la petite cuillère, au fur et à mesure qu'on le dévore, des fenêtres, des passages, des escaliers...

LE GÂTEAU MONTAGNE
AVEC SES ESCALADEURS

Si l'achète des brownies tout prêts, utiliser le carton des emballages.

MATÉRIEL

DES BROWNIES
DU CHOCOLAT EN POUDRE
DU CARTON FIN
DU RUBAN ADHÉSIF
DU PAPIER D'ALUMINIUM
DES CURE-DENTS
DES PETITS SOLDATS EN PLASTIQUE
UN CUTTER
DE LA FICELLE

COMMENT FAIRE

1 Former un cône (plutôt pas symétrique) avec le carton et le faire tenir avec du ruban adhésif. Recouvrir ce cône avec du papier d'aluminum froissé.

2 Piquer des cure-dents dans le cône puis, quand il en est tout hérissé, y planter des morceaux de brownies brisés à la main (et non découpés au couteau). Saupoudrer du chocolat en poudre.

3 Supprimer les armes des petits soldats à l'aide d'un cutter et les encorder deux par deux en nouant des bouts de ficelle autour de leur taille. Répartir les personnages sur la montagne et tout autour en alternant ceux qui escaladent et ceux qui les assurent.

Le lanceur de grenade,
privé de ses munitions,
devient le coéquipier
qui assure son copain
en bas de la montagne
en tirant la corde.

Ça fait partie du jeu
que de chercher
à convertir
les gestes guerriers
en gestes sportifs.

Les soldats rampant
sous les bombes
font de parfaits
escaladeurs une fois
passés en position
verticale.

LE GÂTEAU COCHON D'INDE AUX POILS EN FILS DE CARAMEL

Le cochon d'Inde d'anniversaire sur sa litière en chocolat, à l'abri de gaufrettes.

COMMENT FAIRE

1 Mettre le beurre et le chocolat blanc dans un grand saladier en verre et faire fondre le tout au four à micro-ondes.

2 Bien mélanger, puis incorporer la confiture de châtaignes et les œufs, et enfin la farine.

3 Faire cuire au four préchauffé à 180 °C pendant 20 minutes. Le fondant doit être juste doré. Prolonger la cuisson si nécessaire. Laisser refroidir.

4 Retirer éventuellement les zones de croûte un peu trop solides et modeler le reste en forme de cochon d'Inde.

5 Verser un peu de sucre blanc dans une casserole et le faire fondre à sec. Pendant ce temps, protéger le plan de travail avec du papier sulfurisé.

6 Laisser le caramel refroidir un peu, juste assez pour qu'il fasse des fils quand on plonge une fourchette dedans. Déposer ces fils sur le papier sulfurisé (c'est une opération un peu difficile, il faut le reconnaître). Les réunir délicatement à la main et les déposer sur le gâteau.

7 Placer des bonbons pour représenter les yeux et le museau, et piquer des moustaches en caramel.

INGRÉDIENTS

300 G DE CONFITURE DE CHÂTAIGNES
(UN BOCAL)
150 G DE CHOCOLAT BLANC
100 G DE BEURRE
2 ŒUFS
3 CUILLERÉES À SOUPE DE FARINE
DU SUCRE BLANC
DEUX BONBONS NOIRS ET UN ROSE

LES SABLÉS EN NOUNOURS
AGRIPPÉS À LEUR AMANDE

INGRÉDIENTS

2 ŒUFS
125 G DE SUCRE EN POUDRE
125 G DE BEURRE
250 G DE FARINE
1 CUILLERÉE À CAFÉ DE CANNELLE
DES AMANDES ENTIÈRES

COMMENT FAIRE

1 Battre les œufs avec le sucre pour faire blanchir le mélange.

2 Ajouter le beurre ramolli, la farine et la cannelle. Bien mélanger jusqu'à obtenir une boule de pâte.

3 L'étaler au rouleau et former des nounours à l'aide d'un emporte-pièce.

4 Dessiner les yeux et le museau de chaque nounours avec un cure-dents.

5 Place une amande sur chaque nounours et rabattre ses pattes supérieures sur l'amande.

6 Faire cuire les sablés pendant environ 12 minutes à 180 °C.

LE GÂTEAU ZOO AVEC DES CAGES À ÉTAGES

INGRÉDIENTS

DEUX GÂTEAUX PAS TROP MOUS
DES MIKADO®
DES BONBONS GÉLIFIÉS EN FORME D'OURSONS ET DE CROCODILES
DES DÉCORS DE BÛCHE DE NOËL
DU FROMAGE BLANC
DU SUCRE
DU COLORANT ALIMENTAIRE BLEU
DES BILLES DE CHOCOLAT
DU CACAO EN POUDRE

COMMENT FAIRE

1 Faire deux trous circulaires dans l'un des gâteaux, un grand et un moyen, à l'aide d'emporte-pièces (par exemple, des bols).

2 Le plus grand servira à faire le premier étage de la cage et le second, l'étage supérieur. Planter verticalement des Mikado® dans le gâteau intact, en cercle. Y fixer le premier étage. Procéder de même pour l'étage supérieur.

3 Les trous dans le second gâteau feront les bassins des crocodiles. Les garnir avec du fromage blanc sucré et coloré en bleu.

4 Décorer librement le reste des gâteaux afin de constituer un paysage, avec arbres, bordures et chemins. On peut aussi ajouter un petit pont en biscuits entre les deux gâteaux.

5 Pour finir, glisser les oursons dans les cages et déposer les crocodiles dans leur mare.

Une version du zoo agrandie pour fêter l'anniversaire en classe.

L'idée, c'est d'utiliser la découpe d'un gâteau pour faire un toit sur un autre.

ZOO

LES PHASES DE LA LUNE
EN PETITS BISCUITS FOURRÉS

MATÉRIEL

SEPT BISCUITS TYPE OREO®
UN COUTEAU LISSE ET POINTU

COMMENT FAIRE

1 Ouvrir les biscuits doubles en deux sans abîmer le fourrage blanc.

2 Mettre de côté une moitié vierge, pour les nuits sans lune, ainsi qu'une moitié au fourrage complet : ce dernier fera la pleine lune.

3 Gratter les autres biscuits de façon à représenter les différentes phases.

nouvelle lune
dernier croissant
premier croissant
ier quartier
premier quartier
lune décroissante gibbeuse
lune croissante gibbeuse
pleine lune

MIEUX QUE LES BOUGIES
POUR UN GÂTEAU D'ANNIVERSAIRE

MATÉRIEL
UN GÂTEAU
UNE BOÎTE D'ALLUMETTES

COMMENT FAIRE

1 Planter les allumettes dans le gâteau, bien droites et rapprochées, toutes de la même hauteur, de façon à former un chiffre ou une lettre.

2 Allumer une extrémité (par exemple, sur la photo, le milieu du 3) et regarder la flamme gagner instantanément les autres allumettes.

Quand on allume au milieu du 3, la flamme se sépare en deux.

Plus les allumettes sont rapprochées, plus ça flambe vite !

C'est beau après aussi.

DANS LA MÊME COLLECTION

dirigée par Raphaële Vidaling

COMMENT ÉPATER SA FILLE

COMMENT ÉPATER SON FILS

COMMENT ÉPATER SES PETITS-ENFANTS

COMMENT ÉPATER SON CHAT

Merci à ma fille Avril pour son soutien indéfectible, à Félix et à Rose pour leur participation, ainsi qu'à Maïa, Aloïs, Philomène, Ida, Micha, Raphaël, Charlotte…

Merci à ma maman, qui m'a toujours épatée par ses bricolages (l'arbre en brocoli, le tipi et l'étagère en pots de yaourts, c'est elle !).

Merci à mon amie Corine, la dessinatrice des galets et des photos de bébé, la faiseuse de fantômes, de cabanes en carton et en bidons.

Merci à Loran pour son aide photographique.

Textes, photographies et mise en pages : Raphaële Vidaling
Création du principe de couverture et de la typographie : Marina Delranc